天皇的生活與一生

解開天皇祕密的70個問題 第二部

胡煒權 著
日本國立一橋大學博士

目錄

第一章 天皇的宗教與儀式

第二章 天皇的思想

第三章 天皇的藝能與學問

第四章 天皇的生活與一生

第五章 天皇的形象

第六章 天皇的家族

第一章

天皇的宗教與儀式

1 天皇崇拜與「初詣」有什麼關係？

⑴ 詣的形成

「初詣」是現代日本國民於每年一月一日至三日（現在擴大到一月第二週為止）到神社佛寺進行參拜，祈求當年平穩順利，近年更吸引了外國旅客和在日留學生、僑胞專程參加。不過，這樣大規模的民眾活動大約只有二百年左右的歷史，可以追溯至十八世紀末，即江戶時代末期。

現在的「初詣」與原本的最大不同之處，在於人數和參拜的性質。原本的「初詣」，參拜者會根據自己的屬性，如生年、氏姓、當年的吉利方位（「惠方」），與自己八字配合的緣日等因素，決定到哪個佛寺神社參拜，而且在交通相對不便的江戶時代，參拜者一般都會到居住地附近的佛寺神社。

然而明治時代，尤其鐵道鋪設後，「初詣」便出現了很大的變化，由特定的佛寺神社改為前往著名的、熱門之處，即使距離較遠也不是問題。剛成立的鐵道公司確實也大力推動民眾使用鐵道出行參拜。以江戶（東京）、大阪為首的大城市居民慢慢轉到當地附近最具人氣，又可利用鐵道或汽車輕鬆到達的神社佛寺參拜，如東京附近的成田山新勝寺和川崎平間寺（俗稱「川崎大師」），還有大阪的西宮神社等。

久而久之，「初詣」對東京、大阪等大城市的民眾而言，從江戶時代重視吉利、現世利益的宗教行為，逐漸演變為行樂郊遊的消費行為，而且在大正時代開始向全日本的中等城市擴散。

(2) 明治天皇之死

雖然「初詣」自江戶時代末期已然成為了群眾活動，而且一直延續到明治維新後，但主要是各地平民和商人參與。從前的武士階層、明治時代崇尚先進知識與西方思潮的知識分子，普遍對「初詣」態度冷淡，認為這是落後的民間活動，是屬於庶民的。這個情況到了一九一二年明治天皇病逝前夕，出現重大改變，也在一定程度上改變了「初詣」的性質。

進入一九〇〇年代，明治天皇的健康開始走下坡，到了一九一二年七月二十日早上，日本政府對外宣布天皇已經進入危篤狀態。消息一出，全國各地的官民開始用自己的方法，為這位帶領國家走向富強的天皇祈福。值得留意的是，參與這次活動的有官方組織，也有橫跨不同階層和宗教背景的人士。以東京為例，都民分別到市內不同的宗教設施裡許願，就連最應該否定偶像崇拜的基督教徒也自發組織上百人，到東京基督教青年會館舉行祈禱會。另外，也有東京民眾和學生響應報紙的號召，走到皇宮外的二重橋前跪地祈禱。受民眾敬仰的老天皇行將就木，前所未有地使國家意識與國民團結起來。

隨著天皇於數天後病逝，國粹主義者和神道者藉助民眾自發的行動和情熱，提出建議，要為天皇在東京建造紀念參拜場所——明治神宮。雖然天皇生前已決定將陵寢定在京都，而且也有不少知識分子擔心此舉助長盲目崇拜，提出反對。然而不少標榜愛國、高呼尊皇的人，還是希望在東京建造明治神宮來歌頌、紀念這位天皇，而且獲得不少民眾和報章撰文支持，逐漸成為巨大的輿情。結果到了一九二〇年，支持派終於如願以償，在涉谷建立了明治神宮。

(3)「初詣」的質變

原本神宮只在明治天皇的生辰、忌日等幾個特別日子舉行祭禮，但隨著國家主義高揚，以及東京媒體有意無意地多番吹捧，國民意識日益提高，明治神宮在建立後立即變成了紀念明治時代「富國強兵」的聖地，與「明治大帝」的象徵。

神宮建立的第二年，即一九二一年，神宮成為東京以至近郊地區人民「初詣」的新熱點。當年的「初詣」便有超過三萬名參拜者蜂擁而至，熱潮更一直持續了數日。自此之後，東京民眾原本要到都外進行「初詣」的習慣出現改變。直至二戰戰敗為止，到神宮進行「初詣」的人數與前述的成田山和川崎大師相比，有過之而無不及。

建立明治神宮使東京都民擁有了一個屬於他們的「初詣聖地」，是培養、體現國民意識的具體場所。然而從當初的熱潮來看，不能否認當時的東京民眾是出自真心，而且是自發地想紀念天皇，因而支持建設神宮。

對於同樣熱烈地支持建設神宮，但別有用心的國粹主義者和國家神道主義者來說，這個新興的「初詣聖地」從一開始便是超越了宗教派別的「國家祭拜聖地」，凌駕了所有聖俗信仰。站在他們的角度而言，神宮的真正用途是使國民的身分認同與國家意識牢牢緊扣在一起。

到了大正至昭和前期，日本在中國的軍事擴張招致國際社會批評，備受孤立。加上國家內部的社會問題、經濟不景氣等危機，發自內心崇敬天皇之念被推崇軍國主義的軍方、國家神道主義者利用，變成鼓吹官民一致對外的極端民族主義。

大正末期至昭和初期，即一九三〇年代前後，日本政府利用媒體和教育方式，將明治神宮以至各地的神社，轉化為崇拜天皇、敬仰國家的聖地，更將民眾原本發自內心、相對純粹的國家感情，轉變為強制與理所當然的責任。

而民眾展視自己「崇敬」、「愛國」、「忠君」之情的方式，就是自發地帶下一代參拜與天皇有關的神社（如明治神宮、伊勢神宮、靖國神社等），學校則必須懸掛天皇與皇后的肖像畫，行鞠躬禮，最激烈的便是為國家犧牲生命。抗拒這種愛國情操表現的人士與團體往往遭到排斥、打壓。情勢至此，已與民眾出於相對純粹的思念之情，跨越宗教、階層去為明治天皇祈福禱告，有了根本性的差異。

隨著官方鋪天蓋地的政治洗腦，神社參拜與「初詣」被強制加上了一層極端的、染有軍國主義的外皮，一直到戰敗，這層外皮才被強制拉下。

2「三種神器」如何影響天皇統治？

所謂的「三種神器」來自《古事記》和《日本書紀》神話，是天皇之祖，也就是天照大神，命令其孫瓊瓊杵尊（神武天皇的祖父）下凡統治人間時，親自授予他的三個寶物：八咫鏡、八坂瓊勾玉和天叢雲劍。十四世紀寫成的《神皇正統記》（北畠親房著）便指出「三種神器」分別代表王者必備的三個元素——正直、慈悲和智慧。傳說現代天皇出外遊歷，必然帶著這三個寶物同行。不過，三者其實大有文章。

(1)「三種神器」為何？

先簡單說明一下「三種神器」。「八咫鏡」的「八咫」的意思一直眾說紛紜，其中一個較主流的說法指出，「咫」類似長度單位「寸」，即「八咫」鏡是一塊直徑八寸左右的鏡。「八坂瓊勾玉」中的「八坂瓊」同樣有「很長」的意思，是由複數勾玉連合而成的玉串。至於「天叢雲劍」，又名「草薙劍」，「天叢雲」意指浮游天空的雲朵，一般認為只是修飾詞而已。

另外要留意，在《古事記》和《日本書紀》裡，八咫鏡、八坂瓊勾玉和天叢雲劍被稱為「寶物」，在十、十一世紀的時候較常被稱為「神寶」。「神器」則是進入十三世紀以後才被廣泛使用的稱號。

歷史學家和民俗學家相信「三種神器」起源於古代大和朝廷，即白鳳、飛鳥時代。那時候大和盆地（今天的奈良縣中北部）的君主「大王」（天皇的前身）繼位時，群臣和服屬的部落酋長獻上寶劍、銅鏡和勾玉，做為服從的象徵。

(2)「三種神器」的地位變化

雖然在古代傳說和歷史書中，「三種神器」多次被強調，但是它們的地位卻一直變動。例如在公元八世紀（奈良時代）的文獻裡，只看到有「神璽之鏡、劍」，勾玉卻沒有被明記，可見「三種神器」的概念並沒有在一開始便定形，而是到了中世紀以後才慢慢固定下來。起碼在一開始，勾玉的重要性還沒有鏡、劍那麼高。

另外，鏡和劍的描述也有一些變化。十一世紀時的貴族，相信先人因為敬畏祖神，早已將鏡與劍的「正貨」，轉移到祭祀天皇祖先的伊勢神宮和熱田神宮。歷代皇宮裡供奉的鏡和劍，以及後來被重視的勾玉，都只是「仿製品」，以免發生事故。

不過至今為止，沒有人真正目睹過「三種神器」，它們是什麼模樣，就只能靠神話故事的描述來想像。而且，隨著時代的發展，時人更看重「三種神器」的象徵性，多於它們的神聖性。例如在「三種神器」之中最被天皇和朝廷重視的八咫鏡，雖然是仿製品，但由於它在神話裡被認為是天照大神的化身，因此歷代都小心供放在皇宮神殿之中，並且由專門人員看護。

可是平安時代，皇宮起碼發生了三次大火，將宮殿燒燬殆盡，而仿製的八咫鏡也因此而多次破損。當時的朝廷貴族以至天皇，對於重修八咫鏡一事，既不熱衷，也不擔心它破損會得罪皇祖。

還有，在著名的「源平對決」（即當時兩大武士家族平家與源家為爭奪國家主導權而爆發的戰事）時，平家帶著他們擁立為帝的安德天皇與「三種神器」逃到西日本，以保他日東山再起，但最終在澶之浦之戰兵敗，全軍覆沒。有說法指出「三種神器」和安德天皇因此雙雙沉沒海中，雖然源家後來打撈到勾玉和鏡，送還京都，但卻始終找不回天叢雲劍。

既然「三種神器」是天皇即位時象徵王權的寶物，現在出現「三缺一」的尷尬情況，使源家擁立來取代安德天皇的後鳥羽天皇，變相缺乏「認受性」，只好以後鳥羽天皇的父皇（後白河法皇）的「傳國詔書」替代，使後鳥羽天皇仍有足夠的象徵性來繼承皇位。雖然這是權宜之計，但在當時的朝廷眼中，已退位的天皇因為曾任天皇之職，又是新天皇之父，同樣足具神聖性，他的認定和批准等同「三種神器」。

到了十四世紀的南北朝時代，出現南朝和北朝兩派天皇敵對、互相否定的情況，由於兩方都以天皇為首，那麼誰握有「三種神器」便自然成為象徵正統的重要條件。但是，握有「三種神器」的南朝天皇最終落敗，被迫將「三種神器」還給北朝，做為和解的條件。這再次反映出「三種神器」仍然是天皇必要的象徵，但與「正義」與否則沒有絕對關係。

「三種神器」在十一世紀以後，變成象徵王權的寶物。在一般情況下，它們對天皇來說都是必不可少的，它們的狀態良好與否也多少會影響人心，但從前文諸多例子可知，朝廷貴族們在必要的情況下，仍然可以想出取代神器的方法。隨著時代發展，以及天皇的地位已經堅不可摧，朝廷已不如以往那樣需要「三種神器」來加強權威，它們的存在越來越「聊勝於無」，完全變成了形式主義的道具。

3 對日本來說，《古事記》、《日本書紀》兩書為何如此重要？

每個國王制國家成立後，都會製造出「創國神話」，強調國王的由來，以及統治的正當性。在現代歷史學還沒成形之前，這些神話便成為時人了解歷史的根本資料。古代日本先後出現了兩本影響深遠的神話著作，一本是《古事記》，另一本是《日本書紀》，都敘述了天皇開創和統治日本的故事。

(1) 兩書的成書過程與同異

《古事記》是天武天皇命令大臣稗田阿禮閱讀自古代流傳至今的《舊辭》

（古代的故事集）和《帝紀》（古代君王的傳記）後，綜合貫通，並由另一個大臣太安萬侶筆記，最後在公元七一二年，即元明天皇時代完成。

全書分上中下三卷，上卷由開天闢地的神話時代開始，稱為「神代卷」。中卷由神武天皇出場到第十五代應神天皇的時代為止，稱為「神與人代卷」。下卷則從仁德天皇至推古天皇為止，稱為「人代卷」。

《古事記》的特色是以上述的《舊辭》和《帝紀》為基礎，再將各種當時流傳的神話、傳說、故事、歌謠融入書中，以當時的口語寫成，夾雜漢字與假名。對於公元八世紀的大和朝廷來說，這些神話、傳說、故事、歌謠都是訴說他們祖先來歷和事跡的歷史資料，而且以流傳這些故事做為《古事記》的主要使命。

《日本書紀》的成書時間較《古事記》晚數年，在七二〇年完成。提議編書的是前述的天武天皇之子舍人皇子，以唐帝國的官史體裁為藍本，再參考《古事紀》來編纂。《日本書紀》將神話時代至持統天皇為止的國家歷史，按時間順序編寫。

《古事記》著重神話部分的內容，約占全書七成以上，《日本書紀》則重視距離天武天皇時代較近的天皇紀事，只有兩卷（卷一、二）敘述神武天皇以前的神話時代，僅占全書內容的一成左右，相當於《古事記》上卷的分量。《日本書紀》第三至第十卷，相當於《古事記》中卷的神武天皇至應神天皇部分。其餘二十卷均屬於距離天武時代較近的歷代天皇事跡。

雖然《古事記》與《日本書紀》有很多相關、共通的部分，對於神話時代以來，歷代天皇的即位順序、血緣關係的敘述也基本一致，但在選材和敘述方面，《日本書紀》較為簡潔，也更有目的性，書中將一些出現在《古事記》但又未強調天皇正統，或者與天皇家歷史無直接關聯的神話，加以裁剪改定，這是《日本書紀》與《古事記》另一個主要分別。

相比《古事記》以和漢夾雜的文體書寫，《日本書紀》則模仿唐帝國官史，採用漢文體來書寫。這當然是因為大和朝廷已與唐帝國展開多次文化交流，文字和史書編寫的技巧都在兩書編纂前輸入日本。

(2) 影響日本人歷史觀的「記紀神話」

《古事記》與《日本書紀》成書後，如何影響日本人看待國家的形成發展史？

兩書雖然內容有些不同，但都是王朝官撰的史書，地位當然等同於現代的官修歷史教科書，因此兩書論及的國家誕生傳說以及之前的神話故事，在民俗學、人類學上被合稱為「記紀神話」。

值得注意的是兩書在之後的地位發展，出現頗大差異。按中國風格編纂而成的《日本書紀》一直被珍而重之，歷代天皇的教育更有一門必修的「書紀講義」。不僅是天皇，各家貴族以至武士也紛紛積極地學習《日本書紀》，以此為認識自己家族與天皇家關係的歷史書，可以說是尋找身分認同的行為。

相反，直到江戶時代為止，《古事記》一直沒有獲得朝廷和武士政權的認可，導致抄本十分少，流傳普及程度也遠遜《日本書紀》。

不過到了江戶時代，受惠於當時盛行的國學強調「本土意識」，所以用和漢文體書寫，詳細交代神話與天皇關係的《古事記》，被認定是一本比《日本書紀》更純正、更能體現神國日本和天皇偉大的歷史書，而且在朱子學的名分論思潮下，《古事記》進一步得到民間學者的重視，成為江戶時代國學諸多學派爭相閱讀、鑽研以及解讀、分析的瑰寶。

其中最為有名的，便是受到提倡天皇神聖的近世神道影響，獨力研究和註解《古事紀》的江戶時代大儒家本居宣長。受惠於他全力再解讀《古事記》的成果，大大地刺激了江戶中期以後的知識分子（雖然當中有不少過度解讀的成分）。宣長以後的各派國學學者無不受他影響，更使民間對《古事記》的推崇首次超越了《日本書紀》，為日後的「尊皇攘夷」思想提供了基礎。

時至今日，在日本全國各大書店裡，有著各式各樣的《古事紀》解說書，由插圖至漫畫形式，應有盡有。相信很多日本人也不知道《古事紀》的「光復」背後，其實有著如此曲折的發展史。

4 天皇即位儀式與大嘗祭為什麼這麼神祕？

(1) 踐祚之儀、即位之禮

隨著平成天皇（現在稱為「上皇」）於二〇一六年七月二十八日宣布讓位給皇太子德仁（法制上稱為「退位」），日本的新任天皇將於今年（二〇一九年）誕生。新天皇德仁會在今年五月舉行即位典禮。在八世紀的平安時代初期開始，這個儀式被稱為「踐祚之儀」、「即位之禮」，但由於兩者是先後接連執行，因此也合稱為「即位禮」。這是古王朝時代仿照、參考唐帝國皇帝的即位儀式和道教信仰，並配合日本美學混合而成的作法。

「踐祚」在古代寫成「天つ日繼しろしめす」或「天つ日嗣しろしめす」

（Amatsu-hitsugi-shirosimesu），意思是「繼承王統」（日嗣）之義，後來才改用中國古代用語「踐祚」。顧名思義，踐祚的「踐」是承襲，「祚」是天子之位的意思，加起來是承繼皇位之意。

前面提到，天皇的「即位禮」分成「踐祚之儀」和「即位之禮」。「即位之禮」是現任天皇向天下宣布將皇位傳給繼承人（皇太子或皇太孫），與此同時，朝廷會派出敕使到伊勢神宮和特定的幾個前任天皇的皇陵（當時稱為「山陵」），通知皇祖皇宗。即使前任天皇（即「太上天皇」）已經死去，按照習慣也會把他當成活人來進行傳位儀式，將「三種神器」裡的劍、勾玉移交給新天皇後，才能入葬。

換言之，前任天皇的死去不代表他已經完成使命，也不能立即入土為安，必須將皇位「活生生」地傳給皇太子才算完事，然後再安排他的身後事。

到了新天皇即位當日，皇族與百官會到京都御所內的主殿（自平成天皇起改在東京皇宮的正殿內）參加新天皇的「踐祚之儀」。當時，負責傳令、主持的宣命使會在眾人和新天皇面前宣讀「即位宣命」，群臣百官向新天皇行群拜舞踏之禮，然後齊叫「萬歲」，等新天皇宣讀登極諭令後，儀式便告完成。

不過明治維新後，帝國憲法以及戰後的新憲法規定「天皇終身制」，新天皇必須在天皇死後立刻「踐祚」，繼任天皇，以防出現「空位」的情況。因此，大正天皇和昭和天皇的「即位禮」都在「踐祚」後進行，換言之「踐祚」比「即位禮」的重要性來得高，例如大正天皇在一九一二年七月繼任，但他的「即位禮」因故推遲到兩年半後的一九一五年才正式舉行。

而今年平成天皇破例在生前讓位，情況更加特殊。如今官方安排前任天皇在四月三十日讓位，新天皇在五月一日進行踐祚和即位典禮。

(2) 極祕大嘗祭，嚴禁外人筆錄和外傳

與「踐祚之儀」、「即位之禮」有著密不可分關係的，是即位後同一年十一月舉行的「大嘗祭」。原本天皇每年十一月都會在皇宮內舉行「新嘗祭」，是天皇各種祭祀中屬於「大祭」的重要宗教活動（「大祭」之外，還有「小祭」等重要性相對較低的祭祀活動）。但是，如果該年有新天皇即位，「新嘗祭」便會改為「大嘗祭」，規模、陣仗也會比例年的「新嘗祭」大很多。而由於「大嘗祭」只會在新天皇即位的同一年十一月舉辦，因此在皇室儀禮上會將兩者合稱為「踐祚大嘗祭」。

不過，如果當年新天皇的父母、祖父母逝世，而時間是在夏末秋初或十一月之前，大嘗祭便會等到他們的葬禮和喪期（稱為「諒闇」）過後，在第二年的十一月進行。

「大嘗祭」的本體「新嘗祭」是天皇每年以新收割的穀物祭祀皇祖皇宗與諸天神的儀式。因此，「新嘗」本義是「新穀之饗」，原本唸作Nihi-no-ae，後來普遍使用漢字讀法Shin-joū。

至於「大嘗祭」本來是「大新嘗祭」，跟「新嘗祭」一樣，「大嘗」原本唸作Ō-Nihi-no-ahe或Ō-ni-e，後來普遍使用漢字讀法Dai-joū。「大嘗祭」是橫跨數日的重大祭典，之後還有宴請諸神的「大嘗節會」，另外，例行新嘗祭時也會進行「鎮魂祭」等，各項工作都需要將近一年的準備時間，開支極大。

因此，在王家式微的中世後期，即室町末至戰國時代的一四六六年，後土御門天皇舉行了大嘗祭後，大嘗祭便被迫停辦逾二百二十年，直到江戶時代的一六八七年，東山天皇即位時才得以復辦，一直延續至今。

傳統上，朝廷準備「大嘗祭」時，會有幾項工作要先行準備。首先在同年的八月下旬，稱為「幣帛使」的敕使，會到伊勢神宮其他官定神社進行宣告（現在基於政教分離，「官定神社」已被廢止），並在十一月的其中一個舊曆卯日開始祭典，通常是第二或第三個卯日。

另外，為了進行大嘗祭，古代會特意建造臨時會場「大嘗宮」，做為新天皇祭祀的場所。還有，天皇進行祭祀時所著的祭衣，也會在祭典前織作好。一般來說，天皇會在祭祀時奉上當年指定為祭拜所用的新收穀物，即被稱為「天御膳」的新白米飯，而負責提供「天御膳」的田地則被稱為「齋田」。除了穀物，祭典上還有事先準備好的黑、白兩種酒釀，以及供神明享用的「神饌」。天皇在祭拜皇祖皇宗和諸神後，便會食用這些酒菜穀物，以示與祖宗和諸神相感應，獲得祂們的認可和附體。

由於大嘗祭是屬於歷代天皇的專斷事項，所有相關作法、具體儀式和手續，一律嚴禁外人筆錄和外傳，在古代也只有極少數的高級貴族，如關白、攝政，才能在事前獲得相關的綱領要義，但主體仍然只由天皇本人去執行。天皇本人如何獲得相關知識、如何練習，都屬於「極祕事項」，外界和學者只能通過古代不完整的文獻去推敲分析。

時至今日，日本皇室堅決不開放大嘗祭，因此，它可以說是維持天皇和天皇制神祕主義的最重要、最後的一環。

5 中世時代的「御靈信仰」與天皇權威的關係為何？

(1) 神社的本來功用與「御靈信仰」

喜歡到日本旅遊的朋友，大多會到著名的神社參拜，寫繪馬、買御守，近年更流行到與歷史人物有關的神社求取獨特的朱印。由此可見，神社不再只是日本人民間信仰的象徵建築，更是外國人到日本旅遊時必訪的景點，是引導我們了解日本文化的重要媒介。

說到神社，外國人很容易將它聯想成華人社會裡的廟宇、佛寺，可以為人們消災解厄。的確，大部分的神社現在已然與華人社會的廟宇、佛寺、道觀一樣，成為了為俗世服務的宗教設施。

可是，神社建立的原本目的卻剛好相反，主要是為了鎮撫、防止神祇作亂而設。這是因為古代的日本人相信，為這些作亂的神祇和怨靈建立神社，能夠使祂們不再作惡，祛除他們的暴虐。

這種神祇暴虐作亂、遺禍人間的思想源自於古代中世的「御靈信仰」。在第五章 5 問會提到古代日本人視神祇為既可敬又可怕的存在，所有的亂事、怪事都由神祇為患所致。

到了八世紀初期，人們對神祇的恐懼越發擴大，更開始認為不只是神祇，死去的人也會化為「死靈」作惡為患，特別是憤恨或含冤而死的人。

面對「死靈」、「怨靈」還有神祇作祟為禍，那時候以天皇為中心的日本人想出了對應方法，大致分為兩種。第一種，撫慰死靈，祛除祂們的怒氣，具體方法便是將他們升格為神祇，並且為祂們建設神社，進行恆久祭祀和紀念。著名例子是祭祀怨恨而死的文臣菅原道真（京都市北野天滿宮）。

第二種，吸取當時民間的「死靈」作祟的思想，在京都舉行盛大的祭祀活動，以鎮慰一些特定的「死靈」，這就是著名的「御靈會」。不過，獲選為「御靈」的「死靈」是與天皇相關又死於非命的人物，如崇道天皇、伊予親王、桓武天皇妃．藤原夫人等，與一般怨靈不同。

因此，「御靈會」一直受到天皇與朝廷重視，如同下一問將提到，朝廷將他們視為「疫病神」，把當時定期肆虐的疫病、天災等通通算在祂們的頭上，然後再舉行「御靈會」鎮撫，不斷循環。較著名例子，是以祭祀疫病神牛頭天王而建的京都八坂神社。

(2) 御靈信仰與天皇

雖然天皇貴為一國之君、天神子孫，對於這些死靈、御靈肆虐也十分焦急，而他的命運也無法不受死靈、御靈影響。

前文提到鎮撫的思想逐漸普及，更將死靈、御靈與疫病、天災連成一氣，就連天皇的身體毛病都被認為是祂們肆虐的結果。隨著時代的進演，人們對於死靈、御靈作祟的對象，從無特定者變成針對特定個人，而天皇的玉體自然最容易受到眾人關注了。

當時的貴族日記裡大量出現記錄天皇生病與「邪氣」、「憑靈」的字眼，上流階層相信生病與死靈、御靈作祟相關，於是招請陰陽師來驅祛，後來改為通過佛教形式的護摩修法和僧侶頌經來驅靈。

由此可見，御靈信仰的普及，使更多人相信其存在和威力，就連天皇也會成為祂的對象。國王身體有恙在任何王國都是重大要事，在日本，即使後來武士政權崛起，一旦死靈、御靈作祟，使天皇、皇子等患病，當消息傳到幕府後，做為「天子臣下之首」，當然不能置之不理。所以各種大型的祈禱修法在各地主要神社、寺院舉行，成為上流社會的一大要事。

雖然死靈、御靈引起天皇病痛，對於百姓來說似乎是沒有直接影響和關係的，但隨著佛教、神道在中世紀以後急速平民化，這些死靈、御靈思想向民間輸出，成為了庶民信仰的一部分。即使為天皇舉辦的祈禱修法規模變小，但隨著皇族與平民的距離相對拉近，平民對於祈禱修法的認知度與關心度也逐漸提高，增強了他們對這些信仰的崇敬。

順帶一提，到了中世紀（十三世紀）以後，天皇的神聖性日益提高，對於如何保護天皇的意識，用現代人的眼光來看，實謂到了「神經質」的地步。除了死亡、污穢、疫病、血腥要規避之外，天象異常也被視為是怨靈、邪氣肆虐，或天神示怒的警告。

天皇、貴族，甚至後來的幕府將軍，都對日蝕和月蝕感到非常緊張。日蝕出現在日間時，太陽被遮蔽的樣子更讓眾人驚恐。

當時人認為日蝕和月蝕發出的光芒都帶有邪氣，而身成為「天照大神」子孫的天皇，自然不能被「邪光」侵襲。於是，除了下令負責天象的天文博士必須準確預測日月蝕的時間，發生時，天皇與皇族就足不出戶，然後再命令下人用布遮掩寢宮的門窗，直至日蝕和月蝕結束，這稱為「御包」之儀。

後來，室町幕府將軍和德川幕府將軍都遵照這個辦法，在日月蝕時，與天皇一樣各自在家裡「閉關」。這也是以天皇為中心的貴族思想傳播到武士社會的另一個特別例子。

6 明治維新破壞了天皇與佛教的關係？

(1) 天皇信仰什麼宗教？

不知道多少讀者知道，到明治維新為止，天皇嚴格來說是佛教徒。最為代表性的體現就是在明治維新前，有關天皇的各種儀禮都以佛教為主、神道為輔。但到了明治維新後，一八八九年成立的《大日本帝國憲法》（以下簡稱《帝國憲法》）裡便明訂，日本是由「萬世一系的天皇統治」，天皇是「天照皇太神宮的御子孫」、「從神的時代以來便無比尊貴，每尺之地，每個人民都是天子（天皇）所有」。

換言之，《帝國憲法》站在神道信仰的立場，將天皇定性為「神的子孫」，而明治政府在後來進行「廢佛毀釋」和「神佛分離」等貶抑佛教的運動，就是為了宣示天皇高於佛教的立場。

雖然排抑佛教的行動最終使得社會產生巨大混亂而被迫撤回，但明治時代以後的天皇仍然在官方上成為了神道教徒。宮中的各種宗教儀式，包括天皇的葬禮一律改行神道儀式。日本在二戰戰敗投降後，昭和天皇應美國的要求向日本國民公布了「人之宣言」，可是新成立的《和平憲法》主張國民享有平等的宗教自由，卻不包括天皇和皇族。也就是說，天皇與天皇家沒有選擇宗教信仰的權利，他們仍然受到戰前的國家規定影響，只能信奉神道，自認是神的子孫，而宮中儀禮也繼續以神道方式進行。因此，一九八九年昭和天皇的國葬，便被國內外人士批評：「政教分離」只是表面工夫。

即便如此，日本的保守派和不少國民至今依然認為：天皇家按照國家歷史，自然是神道分子，佛教只是外附的元素。那麼，天皇與佛教的關係又有多深遠的歷史呢？

(2) 與佛日夜相對的天皇

佛教是在六世紀經朝鮮半島傳入日本的。那時大和朝廷內部出現了「迎佛」和「排佛」兩派聲音，但最終由「迎佛」派贏得了勝利。不過，日本在後來沒有再出現神佛間的宗教對抗，主要原因是因為古代人想出了折衷方案——神佛習合，它的另一個稱呼更有名——本地垂跡。

「本地垂跡」就是在佛教傳來之後，當時的日本人為了找到正當理由去接受佛教，以及減少對傳統神祇信仰的衝擊，於是形成了一種主張——佛教神祇與本地神祇互為一體，兩者只是在不同地方有不同稱呼，例如當時的人認為天皇之祖天照大神其實就是佛教的大日如來。自此在日本國內，佛與神道難分你我，佛教得到了「本地垂跡」這個方便之門後，開始融入各階層，甚至是天皇心扉。

公元九世紀正值日本歷史上，也是天皇歷史上最輝煌的「聖代盛世」——宇多天皇至村上天皇的四代天皇，與當時崛起的藤原北家一起將日本帶進最穩定、文化最昌盛的時代，史稱「延喜・天曆之治」。

那時候的皇族祭祀和儀禮是佛、神方式共存，祭祀天照大神的新嘗祭，以及向京都主要神社頒賜拜祭貢品（稱為幣帛）自然是以神道形式進行。另一方面，天皇也會進行各種佛法儀式，例如每逢正月舉行「護國法會」、「太元帥法」等。這些法事大多與護持國家有關，祈求佛祖神明使國家安泰長久。

上述的「太元帥法」便是由天皇主持的法會，祝願國家不受外敵入侵，將敵人剷除蕩平。自九世紀以來，一直只有天皇才可以主持。到了後來的戰國時代，即使天皇變得窮困潦倒，天皇與朝廷不惜縮減規模，但仍然堅持進行，直至明治維新為止。可見天皇仍然通過進行佛教法會，顯示自己代表國家，是祈求神佛護國抗敵的不二人選，並且以此為己任和使命。因此自中世紀以來，日本上流社會的貴族和寺院，都認同「護佛等於護王，護王等於護國」，文獻中常常有「王法與佛法為國家的兩翼」之類的文句，能反映當時的日本統治階層已經將信佛與統治連成一線。這個信念一直影響到後來崛起的武士政權，到了江戶時代，佛教更是協助幕府管理百姓生活的重要支柱。

總而言之，歷代天皇對佛教與神道都十分重視。兩者的關係和重要性雖然難以一言而明，但是嚴格來說，神道的儀式主要是與天皇家、祖先祭祀有關，而佛教法事則針對國家層面。

除了大行佛教外，還有兩個能證明天皇將佛教與國事相連的例子。第一個明證就是出家。在天皇的歷史裡，天皇讓位給皇太子後，會成為太上天皇，而選擇出家的太上天皇就成為「法皇」，例子十分多。當太上天皇決定出家，便招請佛教高僧來為自己進行「傳法灌頂」，傳授祕印和真言，正式成為佛家弟子。

十三世紀時，天皇即位也加入「傳法灌頂」的環節，一開始也是由高僧執行這些儀式，自十三世紀末後，改由當時的關白向新天皇傳授，而到了十四世紀，正式成為慣例，在每代天皇即位禮時實行「即位灌頂」，這些口傳祕法一律不可記錄，只有極少數關係人物才會知道作法。

第二個明證，在京都的皇宮裡有「護持僧」常駐，負責為天皇和上皇的身體康泰祈福，這些護持僧主要由著名的佛家名刹比叡山延曆寺、東寺和園城寺派出一人，到宮中共同保護天皇，不受邪靈、污穢侵襲。

在這種神祕主義下，天皇獲神、佛保護，自己也成為了神佛的化身，並且通過貴族和寺院，逐漸向民眾傳達「天皇即神」的思想意識。

7 為什麼天皇長年極力排斥基督教？

(1) 傳教士眼中的天皇

一五四九年，基督教派耶穌會創立者之一的沙勿略決定到日本傳教，當時他通過各種渠道收集了日本的情報，包括從他在呂宋（現在的菲律賓）遇到的日本人彌次郎口中，整理出日本的政治架構。最後，他在出發前向印度總督提交了報告書，當中提到天皇與室町幕府將軍的關係：

他們的國王（天皇）擁有他們當中最有力的血統，擁有這個血統的人（王族）不會跟其他血統的人結婚。他們的國王從我們的角度來說，就好像教皇般的存在，統率俗人與國家內所有的宗教者，並且對所有事都擁有絕對權限。但是，並不是所有事情都由國王來下令決斷，而是由他們日本人稱爲「御所」（將軍）的人代理。「御所」便是如我們的「皇帝」一樣的存在，對日本全土擁有命令權和支配權，但又會服從國王。

這個根據彌次郎的理解再整理而成的情報，當然存在很多誤解，畢竟彌次郎不過是出身鹿兒島的平民百姓，不可能準確地理解遠在京都的天皇與將軍的事。然而對於沙勿略來說，這份口述是當時最可信的情報，因此他在同年便出發到鹿兒島，但只在當地短暫停留，因為他被當地僧侶驅趕，轉往周防國山口（今日的山口縣山口市）。

兩年後的一五五一年初，沙勿略到達京都，也就是彌次郎口中的「王」的所在地，這個仍然受戰火洗禮的地方。他很快便知道天皇在這個都城裡沒有強大的影響力，他在報告中提到：

後來我們得知這裡的人們都不服從國王，所以我們放棄了請求他批准我們傳教的事了。

同年底，沙勿略便決定離開日本，回到印度，結束了短暫的傳教之旅。他對日本天皇的理解並不是個人的偏見，後來仿傚他來到日本的傳教士佛洛依斯也有類似觀察。佛洛依斯到了京都後觀察了天皇所在的皇宮，然後在報告中寫：

（國王）隱居在一個既不華麗也沒有威儀的古舊宮殿之中。

從沙勿略和佛洛依斯的所見所聞，我們可以理解他們對天皇的印象不會太正面和良好，因此，後來的傳教士都改向「御所」，也就是將軍，還有當時的權力者，如三好長慶和後來的織田信長求助，希望他們批准傳教。而天皇又如何看這幫從大海彼岸而來的外國人呢？

⑵ 天皇如何看待基督教

沙勿略和佛洛依斯來到日本時，正值著名的戰國時代，那時的天皇十分潦倒，在位的後奈良天皇和正親町天皇的苦難仍沒有解除，身處京都皇宮內，只能勉強維持生活和日常開支。但天皇還是通過貴族通報，留意到傳教士來到京都。

繼承沙勿略遺志的佛洛依斯，改向當時的將軍足利義輝和強大的諸侯三好長慶求得了傳教許可。然而到了一五六五年夏天，三好長慶死去後，他的家臣們因為政見問題，突襲並殺害了將軍義輝，京都內出現群龍無首的狀態。就在這個時候，一直不滿傳教士傳教的法華宗僧侶和信奉法華宗的貴族，成功請求天皇下旨將佛洛依斯在內的傳教士驅逐出京。

為什麼他們要驅趕傳教士出京呢？對於前所未見的傳教士進行宗教活動，而且在幕府的保護下取得了一定成果，這讓當時佛教中的激進派——視京都為自己地盤的法華宗教徒——看不下去。後來當新將軍足利義昭（義輝弟弟）和織田信長上京接掌京都的統治權時，天皇再次應僧侶之請，下旨驅趕獲幕府保護的傳教士出京，信長雖然沒有遵從，但也沒有輕視天皇的旨意。

不過，當時的貴族也不盡然是反傳教士的人，甚至有陰陽師出身的貴族賀茂氏，以及專修儒學的貴族清原氏先後入教（研究顯示他們追求傳教士的知識多於教義，但起碼對基督教沒有惡意）。所以，攻擊、排擠傳教士的貴族只是其中一部分，天皇不過是做了順水人情，不見得是排耶分子。

即便如此，排除行動還是以天皇以及神國的名義，在統一天下的豐臣政權下落實進行了。秀吉在一五八七年發布的「驅逐令」中提到：

日本乃神國也，接受基督教國的邪法，甚爲不可也。

秀吉提到的「神國」日本，自然是以天皇身為天照大神子孫來體現的，也就是說，秀吉否定了基督教義中唯一神的存在，堅決不認同基督教的神凌駕日本的神，以及神的化身——天皇。這個主張延續到取代豐臣政權而立的德川幕府。

嚴格說來才是真正當事者的天皇，有沒有發表過對基督教的看法呢？接下來聽聽江戶時代初期的後水尾上皇，以及江戶時代末期的孝明天皇，親身說法。後水尾上皇在一六六八年出家時，向當時在位的兒子後光明天皇提到：

有信心（對神佛的信仰心）的人，不可以邪路爲志，凡事皆守正路爲要。

上皇在這裡說的「邪路」便是指神佛以外的其他信仰，自然包括了基督教，上皇認為天皇篤信神佛才是正路，信仰基督教是堅決不可的行為。孝明天皇的言論則更為直接，他在一八五八年奉獻給伊勢神宮的宣命中說：

蠻夷屢來……深請與我和親（建交），後有併吞之兆，又邪教傳染亦可恐矣。

孝明天皇以堅持排外攘夷著稱，他對西方的宗教懷有恐懼，當然是不難理解的。但我們從其發言可知，天皇以及他身邊的人士都視基督教為「邪教」，是歐美諸國併吞日本的武器。這種認識雖然多少受到江戶時代以來的排耶、禁教意識影響，但自基督教傳到日本以後，天皇對其觀感大抵不算很正面，視其為影響國家的負面存在。

天皇對基督教的態度既是宗教上的對立，同時也是做為一國之君，出於保護國家與傳統的使命感。

第二章
天皇的思想

1 兩個「天皇」的讀法各有什麼含意？

(1)「天皇」稱號的由來與讀法

我們一般都稱呼日本的國家元首為「天皇」（Tennō），英文的表記是Emperor。一八八九年明治政府頒布《帝國憲法》和《皇室典範》，「天皇」這個稱呼正式確立「日本國國王＝日本國元首」。當然在日本歷史上，「天皇」這稱呼早有記載，大抵可追溯到公元七世紀左右。

但是官方使用「天皇」的習慣也不過維持了二百多年左右，自公元十世紀到公元十九世紀中葉為止，整整八百年，除了一些外交或特別宗教儀式外，「天皇」一詞幾乎沒出現在官方文書上。

神武天皇以下近三十代天皇，其存在以及權力都存在疑問，其事跡都根據《日本書紀》及《古事記》這兩本成立於七、八世紀的故事書而來，「天皇」的稱謂也是從那時才有的，以前的「天皇」實際上稱為「王」或者「大王」（ōkimi），《三國志·魏志·倭人傳》中便有「親魏倭王」的記載。

「天皇」的讀音，除了相關學者，很少人知道。我們熟悉的「天皇」（Tennō）的讀法是到了明治維新以後才確定的，也可以追溯到古代王朝創制時期。但事實是，在古代日本，國內的「天皇」讀法是Sumera-Mikoto（すめらみこと），意思是「神聖無穢之貴人」，為了讓這個稱謂通用於當時以漢語為核心的東亞世界，於是便翻譯出「天皇」這個意譯。所以，「天皇」本是屬於對外使用的稱呼。

當時日本與隋唐帝國建交，但已經一改三國時代稱臣受銜的習慣，也把國名由「倭」改為「日本」，向隋朝政府自稱「日出處之天子」，稱隋朝皇帝為「日沒（落）處天子」，反映日本當時已有與隋唐平起平坐的意識。

那麼，為什麼會譯做「天皇」呢？目前存在不少說法，但一般認為是受到唐帝國傳來的道教思想影響，將道教中最高地位的「天王」加以應用，配合日本既有對「大王」的觀念，再改為「天皇」。在前述的《日本書紀》中，便清一色將所有書中出現的國王都稱為「天皇」。

(2) 天皇的諡號和追號

中國皇帝的「諡號」，是前一任皇帝駕崩後，新皇帝按章向大行皇帝獻上的稱呼。日本在七世紀導入中國典章制度後，也將「諡號」以及「年號」引入皇家典範。但畢竟是外來之物，日本朝廷使用中國風的「諡號」也不盡然中國化。

例如，為歷代天皇「翻譯」中國風的兩字「諡號」（如神武、推古），但也保留了「和風諡號」，例如天智天皇（第三十八代）的和風諡號是「天命開別」（Ame-mikoto-hirakasu-wake），他的弟弟兼繼承人天武天皇則是「天渟中原瀛真人」（Amano-nuhara-oki-no-makoto）。這些名稱有的只是將天皇的真名當作諡號，有些則真的是追悼其功德的諡號。由此可知，日本可以說是「和風為體，華學為用」。

隨著日本為朝鮮半島的問題與唐朝鬧翻，以及後來唐朝衰落，日本開始積極推動「國風化」——將從隋唐兩代學到的東西加以轉化，成為更切實的和風制度。同時日本的政治也走向了外戚藤原氏共治的「攝關政治時代」，天皇王權不再「唯我獨尊」，開始了生前讓位，即「院政」的制度。

在這些內外因素影響下，天皇的諡號與中國越來越不同，尤其原本「諡號」是帶有敬仰含意的兩個漢字，後來則多以天皇的住處所在地，或者皇陵所在地的地名做為諡號，例如「清和天皇」、「龜山天皇」等，這種「以地為號」的稱號，一般稱為「追號」。而隨著讓位制度成立，同時有兩三位天皇存在，他們之間的稱謂更要分清楚，也等不到他們死後再追封，因此當時的天皇在生前就定好追號，顯得順理成章。

(3) 另類的天皇稱號

同樣受到上述因素影響，天皇稱號的重要性相對下降，自公元十世紀開始，也就是追號取代了諡號的前後時期，日本朝廷已較少使用「天皇」來指稱他們的國王，而改為「帝／御門」（Mikado）、「內裏」（Dairi）。但考慮到讓位天皇，當時除了先定追號外，現在在位的天皇則被稱為「今上」、「上樣」、「帝」；退位的天皇除了被稱為「上皇」外，也會稱為「院」，是以「院政」因而得名。

由於中古世紀的天皇除了任內駕崩外，大多都會實施院政，掌握實際的權力，因此在史書表記上，大多稱天皇為「××院」，而天皇的治世時期會則稱為「御宇」（Gyō）。

順帶一提，歷代天皇中有數十位的追號、諡號前加上了「後」字，如後醍醐天皇、後陽成天皇。這些天皇大多是因為追慕祖先之榮譽和功績，生前便自定「追號」，做為自身政治信念的象徵。另外，中世紀有幾位天皇因為政變、兵亂而死於非命，基於當時的思想，認為死於非命的人會化為怨靈厲鬼，於是這些天皇都獲追封中國風的諡號，並一定有「德」字，如崇德天皇、安德天皇等，以此鎮封、撫慰他們。

到了中世紀時期，天皇在帝制方面越來越多個人色彩，也有越來越濃的本土意識。反之，國家層次的規範則越發弛緩，此時天皇的大權旁落，除了管治京都一帶，以及做為貴族的主君、國家的象徵「天孫」、「現人神」，已不具備統治國家的實權。

但中國風諡號在幕末光格天皇（第一百一十九代）突然回歸，這有兩個原因，一方面光格天皇本來是從旁系過繼，才成為天皇的（詳看第一部的天皇系圖）。為了增強自己的權威和神聖性，於是大行復古之制，包括將自己的諡號稱法回歸仿唐風格。

另一個原因是因為光格天皇在位時正值動盪不安的幕末時期，西方國家大舉進出東亞，尊王攘夷的思潮在國內知識階層蔓延，而苦於對應的江戶幕府也藉助天皇的權威做為擋箭牌，要求天皇恢復中國風諡號，順應潮流，藉此表明幕府「尊王」的態度，舒緩來自尊王派的政治壓力。

明治維新後天皇的稱號與元號——他們的治世代號——合一。換言之，自明治天皇起，天皇喪失了通過追號、諡號來展示自己意志的權利，但從另一方面來說，又因為稱號與元號結合，與國家紀年一體化，讓國民更容易記得，這也推高了天皇的存在感和權威。

2 天皇如何導入和實行年號制？

(1) 元號與年號之分

皇太子德仁將於今年（二〇一九年）五月一日即位，日本也將迎來新的紀年「元號」，取代使用長達三十一年的「平成」。順帶一提，「平成」元號在日本歷史上是使用時間第四久的，最久的則是平成前一個元號「昭和」，維持了六十四年。第二久的也是屬於近代的「明治」，用了四十五年。「平成」、「昭和」和「明治」皆屬於後文將提到的「一世一元」，即天皇終身只使用一個元號。換言之，近現代的元號使用年限，與天皇的壽命緊緊扣在一起。明治以前的元號則沒有這個原則，這方面下文再述。

自從平成天皇宣布讓位後，日本國內便開始猜想新「元號」會是什麼。而事隔三十一年再次迎來更改「元號」的時機，也出現了一個問題：「元號」與「年號」的分別是什麼？

日本人有這個疑問，是因為有些書用的是「年號」，另一些則用「元號」，因此，他們好奇兩者的分別。大多數學者稱兩者都一樣，有些專家對元號與年號的分別有不同見解，總的來說，按照日本最有公信力的辭典《廣辭苑》解釋，現在日本的「元號」與「年號」都是「指稱年代的稱號」。

現行日本憲法裡的「元號法」（一九七九年訂立）也是依照這原則，將天皇換人時的兩字漢字紀年稱呼（如：明治、平成）統稱為「元號」。所以，按照習慣來說，「年號」是「元號」的別稱，已經基本同義，本文也依此原則統稱為「元號」。

(2) 元號的制定方法（古代編）

請大家參考本書的年號表，便可以發現日本自七世紀創造「大化」年號後，一直沿襲到現在。明治維新時，政府宣布一個天皇一輩子只會使用一個元號，即所謂的「一世一元制」。其實江戶時代晚期便有儒學者主張「一世一元」，而中國明朝開國皇帝明太祖時就已經這麼做，清朝也如此。

可是，明治天皇以前，幾乎歷代天皇都擁有超過一個元號。另一方面，按照以上原則，天皇死後的謚號將以元號來命名，這與古代元號、謚號分開的習慣完全不同。

本章前一問提到，從前天皇謚號的取名方法繁多，而且沒有既定原則，有些按天皇陵寢所在地或居住地；有些按中國古代的謚號方式，也就是德行表現；更有些謚號是天皇本人生前決定好的（如後醍醐天皇）。由此可見，

「一世一元制」後，不僅是年號，連天皇諡號也迎來了根本性的變化。

古代天皇更改「元號」，有四個因素：

①天皇因故換人，稱爲「代始改元」。

②國家出現喜祥之事，稱爲「祥端改元」。

③國家出現不吉凶事，稱爲「災異改元」。

④按照曆法規定改元，稱爲「革年改元」。

在四大因素影響下，我們不難想像頻繁更改「元號」是十分正常的事情。順帶一提，前三個因素都難以預測，最後的「革年改元」卻有跡可循。所謂的「革年改元」，就是按照曆法，每逢「辛酉」與「甲子」之年便改元，以配合自然變化（也有不改元的例子）。

在古代，每當需要改元的時候，便會由熟悉中國古典的貴族（文章博士），從典籍中找出意思吉祥的字句，再取出幾個由兩個漢字組成的元號備案，供天皇和高級貴族商議，再以天皇名義決定採用。元號在早期曾出現四字年號（如「天平勝寶」、「神護景雲」），但大致以兩字為主。

前文提到，元號最終由天皇決定，可是到了幕府政權和戰國時代，大多受到幕府意向影響，甚至會因幕府或當時的權力者要求，隨時更改元號。

另外，在戰亂變多的室町時代末期至戰國時代，關東地區曾短暫出現一批不經朝廷批核的「私製元號」，反映當時王權與朝廷影響力的衰弱。

而元號改定後，如何通達全國？在政治穩定時，自然通過朝廷或幕府來傳達，而在戰亂時代則只能靠個別人士到地方時傳達，再間接地分傳出去，因此在戰國時代曾出現「年號不詳」，或沿用舊年號的情況。

⑶元號的制定方法（現代編）

到了現代，天皇不再是萬民膜拜的「現御神」，元號也自然要依循憲法層面的規定。按照上述的「元號法」規定，產生流程如下：

①由政府委託指定的學者提出幾個候選元號，原則上以兩個漢字組成。
②經過內閣官方長官考慮後，再由首相從中劃定數個最終候選元號。
③最終候選元號會交由各界專家代表開會檢討，再提出意見。
④專家代表的意見呈交給參眾兩院的正副議長考慮，並提出意見。
⑤政府各部署的長官開會後，再提交內閣決定。
⑥新天皇在內閣最終決定案上簽名。
⑦政府正式頒布新元號。

今年的新元號也會按照以上的程序和原則來制定，天皇不再定義自己的時代，他在整個甄選程序中沒有任何決定權，只能等待專家小組、參眾兩院的正副議長，以至內閣成員決定。他在簽字時才能正式得知自己的「任期代號」。換句話說，天皇與元號已經只剩下形式上的關係了。

3 曆法制定與天皇有什麼關係？

(1) 日本古代曆法的源流

日本早已轉用了世界通用的格雷曆，與各國同步，也兼用來自古代中國太陰曆的「二十四節氣」，如「春分」、「夏至」和「冬至」等。雖然「二十四節氣」只會寫在日本的年曆上，或在天氣預報節目中偶然提到，但是日本導入太陰曆和「二十四節氣」做為曆法，已將近一千年。

是如何導入太陰曆，又如何改用西方曆法的？

其實，日本從中國導入太陰曆和「二十四節氣」的同時，也導入了中國儒家「天子控制時間」的觀念，以及「天子受命於天」的天命思想。天子做為感應天地的代表，需要適時反映天地時空的改變、異動，以免錯過上天啟示和警告。因此，除了制定曆法外，也要因時制宜改訂曆法（改曆）。

在古代中國和受到中國曆法觀影響的國家，維持曆法的準確度是天子或國王的重要職責。古代中國每次改朝換代，也大多會修正曆法，以示政權正統。那麼，自導入中國曆法以來便沒有更替政權的日本，又是怎樣的呢？

(2) 古曆法的應用與問題

回顧歷史，日本先後三次導入中國王朝的曆法，即儀鳳曆（唐高宗時代的麟德曆）、大衍曆和宣明曆，三者都是屬於唐帝國所用的曆法。前兩者是通過遣唐使獲得的，但宣明曆則是通過朝鮮半島北端的渤海國導入的，自此便以宣明曆為基礎，並利用從唐帝國習得的天文曆法技術，多次改訂曆法，直至明治維新改行西方曆法為止。

還有一點值得留意，就是日本在六八九年導入儀鳳曆時，維持曆法準確度的觀念，與中國曆法中的進朔、置閏法，都還沒有導入。（要到公元八世紀時改用大衍曆時才全面導入。）

由於曆法必須時常按天體變動而改訂，這需要一個穩定的政府指派負責的專業人員（如天文博士，即陰陽師）來進行觀察和追蹤。然而，日本固定使用宣明曆三百年後的十一世紀，王朝的統治力低下，內亂頻生的武士時代開始，曆法的改訂也變得不安定，時有錯誤出現。

因此，十五世紀，京都以外的地方出現了由地方曆法師自行改訂的「地方曆法」，並且成為局部地方通用的曆法。理論上，這大大傷害了天皇的權威。然而，當時朝廷更擔心錯誤的曆法將延誤察覺不祥的天機（如流星、日月蝕），影響到天皇和周邊的人，進而影響國運。

有一個例子，織田信長在一五七三年至一五八二年期間控制京都，便曾三次發現當時使用的「改版宣明曆」不夠準確，多次未能預測日蝕。而當時人相信日蝕時的陽光帶有邪氣，會傷害神聖的天皇、將軍以及貴族。因此，信長便下令京都的陰陽師必須改訂曆法，而且詢問導入地方私曆的可能性。然而，隨著信長於一五八二年被暗殺，這個問題也不了了之。

(3) 明治改曆的祕密

江戶時代，日本進行了四次曆法大改訂，按順序分別是貞享曆（一六八五年）、寶曆曆（一七五五年）、寬政曆（一七九八年）和天保曆（一八四四年）。明治維新改制前，使用的是最後的天保曆。那時中國王朝的曆法（清帝國使用時憲曆）與江戶時日本使用的曆法已然不同。

而且，江戶時代的曆法完全是由幕府屬下的「天文方」（類似現在的氣象局）來制定，從這角度而言，天皇控制時空，與天地進行感應的理念已經名存實亡。幕府將軍完美地利用統治權授命於天皇的大義名分，代替天皇與朝廷改行曆法，再頒布全國。

這個尷尬的局面要到明治維新、幕府倒台後才得以「撥亂反正」。一八七三年，成立已有六年的明治政府突然決定實行曆法改正，全面改用當時西方諸國廣泛使用的「格雷曆」。改行的原因與新政府實施新制度當然也有關係，但最重要的原因是要通過改曆，解決政府面對的財政危機。

在這以前的舊曆法存在閏月，日本一年有十三個月，加上明治維新將工資發放方式由年俸改為月俸，政府變相要發放十三個月的工資給公務員，多一個月的工資，對於當時百廢待興的日本政府來說，無疑是巨大的財政壓力。但政府出於方便而做出改變，自然引起了一陣混亂，而且政府改曆和改變工資計算方式後，變相奪去了平民一個月工資，使看來文明進步的改革，變成擾民的政策。

4 蒙古入侵時發生的「神風」，如何反映天皇的神聖性？

(1) 千古傳頌的神風傳說

公元十三世紀初，成吉思汗與他的子孫建立起橫跨歐亞大陸的蒙古帝國。忽必烈承襲汗位後，接連滅南宋，建立元帝國，又在征服朝鮮半島的高麗王國後，派使者向日本招降，但遭到日本鎌倉幕府以日本為「神國皇土，不降蠻族」為由而拒絕。

於是，忽必烈集結了元、高麗聯軍，在一二七四年和一二八一年襲擊日本。這在日本史上被稱為「元寇」、「蒙古襲來」，或「文永・弘安之役」。

在兩場戰役裡，傳說曾經吹起「神風」，使排山倒海而來的元、高聯軍潰敗而逃。這個傳說更在六百年後的第二次世界大戰時，被已露敗色的日本軍利用，設立了自殺襲擊的「神風隊」。

事實上，抗元戰役結束後，「神風」傳說便在京都貴族和宗教界傳開，到江戶時代更滲透民間，所以「神風」絕非到了近代才突然「還魂」的信念。

不過，真正將這個「信念」大肆宣揚，並強制植入日本人心裡的契機有二，先是一九〇四年的日俄戰爭前後，日本國內吹起了「神風」熱潮，將對手俄羅斯帝國比作當年的蒙古帝國。其二，一九三四年，由軍部主導改訂的教科書，強調了當年「神風」吹起，是因為「神國所然」、是天神的「御稜威」所致。當時正值東亞地區爆發戰爭前夕，軍部改訂並推出富有國粹主義的內容，目的和企圖不言自明。

(2)「神風」與天皇的天職

敗戰之後，「神風」這個敏感的歷史名詞已經遠離教科書，成為了一個歷史學、民俗學和宗教學的課題。至於「神風」是否真的發生過呢？目前史學配合天文科學的研究推斷，當時發生過暴風雨，但這是否為元、高聯軍敗退的主因，則仍然存在爭議。

而這個有名的故事又與天皇有什麼關係呢？其實在弘安之役（一二八一年）時，當時開設院政的龜山上皇藉著在位的後宇多天皇的名義，向伊勢神宮奉上了祈願文，文中提到：「於朕治世之時，出現如此亂事，如要日本受害的話，請拿朕的命來代替吧。」

除了伊勢神宮外，上皇和朝廷也以當時在位的後宇多天皇的名義，向祭祀天皇祖宗和諸神祇的各大神社下令，要求他們一起做法祈願，「降伏異寇」。上皇以真正國王的身分（嚴格來說是國王之父或前國王）代國家向神明請命，甚至願意犧牲代罰，成為明治政府用來鼓吹天皇守護國家的好材料，同時配合後來的「神風」，使人聯想到召喚神風的是天神，而促使天神出力相助的人就是身為「天神御孫」的天皇。

再具體一點來說，日本之所以能夠力拒外敵，免受侵襲，根本原因就是天皇的存在——天皇是天神的子孫，於是天皇統治的國家便是「神國」。因此當天皇向天神求助時，「神風」便是神的應許。這也是為什麼其他國家被蒙古帝國滅亡，只有日本倖免的唯一原因。

另外值得留意，向神明求助的名義與實際的主體問題。上文提到龜山上皇和朝廷是以當時在位的後宇多天皇的名義要求神社祈願，但事實上祈願的真正發起人和祈願者是龜山上皇。既然如此，為什麼他不以自己的名義向神明祈願呢？

這說明了，即使實際當權的是上皇，不是天皇本人，但天皇在名義上、制度上擁有唯一與神明、皇祖交流的權利。天皇這個天職不會被奪走，完全棲宿在天皇的身體裡。不過，當天皇成為上皇後，天職便會離他而去，轉移至新的天皇。只能由擁有天照大神血脈的人來執行天職，他家他族的人是辦不到的，反映出中世紀時代的日本上流社會如何闡釋天皇的神聖性和絕對性。

5 幕末的「修陵熱潮」、「尊王攘夷」，與明治維新的關係為何？

(1) 現代天皇祭祖活動的爭議

據宮內廳的統計數字，目前共有七百四十座墓園獲認定為天皇陵墓，包括古墳時代的大王墳等，分布在一都二府三十縣。如果連同分骨所、火葬地、骨灰塚和疑似皇陵，總數將達八百九十二處。

這些天皇祖宗的陵墓現在按照「文化財保護法」，全由宮內廳管理，派遣職員管理其中的四百多所陵墓，每年的維持費和工資大約是四億日元。雖然戰後的天皇基於尊重新憲法的精神，拜祭先祖陵墓全屬私人性質，但費用卻多半出自納稅人。

原則上，現代仍然保留的祭祖活動只限天皇與他的直系皇室成員參加。除了到陵墓參拜祭祀，東京皇居仍設有稱為「三殿」的賢所、皇靈殿和神殿，讓天皇在宮裡進行拜祭。基於戰後《和平憲法》強調「政教分離」，戰前法定的《皇室祭祀令》被取消，紀念傳說記載的日本誕生日「紀元節祭」因而被廢止，但它在一九六六年以「國家建立日」之名重新被設立為法定的公眾假期。

而紀念每代天皇誕辰的「天長節」也被輕化為「天皇誕生日」，只做為公眾假期，沒有任何官方的慶祝活動。換言之，現時天長節與紀元節祭都只是宮中的祭祀，與國民的關聯性則曖昧不明。

上述幾百所皇陵大多由宮內廳管理，不許國民參觀和研究。也就是說，這些皇陵是不是真的埋葬了古代天皇，只有宮內廳才有判斷權，縱使外界諸多懷疑，但無從下手去解惑。因此在日本國內，一直有不少學者和質疑天皇制存續必要的人士，批評宮內廳大搞神祕主義，繼續神化天皇。但也有保守派認為這麼做合乎國家利益，是維護國體的妥善處理之法。

(2) 祭祖修陵與尊攘思想

接下來要說一個更弔詭的事實。上述幾百處陵墓，其實是在明治維新後才獲得官方認證的，這不過是一百五十年前的事。更有趣的是，在皇家制度裡，除了照例拜祭供奉皇祖天照大神的伊勢神宮外，天皇家並不存在祭祀先皇的習慣。即使是傳說中的初代天皇神武天皇陵寢（即現時的橿原神宮），也是在幕末時期，才獲得確認並得到朝廷和幕府下令修葺，史稱「文久修陵」（一八六二年）。在這之前，歷代朝廷可以說根本不關心也不在乎神武天皇陵寢。

「文久修陵」的背景與當時歐美國家強烈要求日本開國，引發國家有識之士不安有關。當時的發起人宇都宮藩主兼幕臣戶田忠恕，希望藉修復神武天皇陵來團結國家人心，集結力量，一致對外，獲得幕府與當時在位的孝明天皇認可。話雖如此，不論是發起人戶田忠恕，還是幕府與朝廷，均沒有確實證據證明現在的橿原神宮就是神武天皇陵，因為歷來沒有拜祭神武天皇的定例。坦白說，「文久修陵」只是基於國家危機，以及當時盛行的尊皇攘夷思想，突然發起的政治行動。

即便如此，自「文久修陵」起，由政府主導的各天皇陵修葺工程，陸續展開，從較著名、象徵國家光榮又有文獻可依（但不代表可信）的陵墓開始（如天武天皇陵、神功皇后陵和持統天皇陵等），擴展到古墳時代的大王古墳。

幕末至明治時代的修陵活動其實是展現「尊王攘夷」的一個行動，而且持續了數十年。此外，除了修陵，國家祭祀儀式也隨之展開。一八七〇年，

「聖忌御祭典」、「御追祭定則」等法規先後完成，經過三十年反覆檢討修改後，明治政府終於在一九〇八年九月制定了上述的《皇室祭祀令》，規定每年必須舉行的國家祭祀日子，也直接影響到國民生活。同時，這些被認證的「皇陵」，一律被神化為「聖跡」，獲得格外保護和尊崇，成為當時「政祭一致」的具體體現。

天皇以國家之主、皇祖子孫的身分拜祭諸先帝，使大多數在國民心中不足一提的歷代天皇獲得大躍進式的重視，配合以《古事記》和《日本書紀》為基礎的國史教育，這些皇陵成為了日本國民學習國史時的「實物教材」和信仰象徵。

這些突然升價十倍的皇陵，自明治時代以後，在強化國民意識形態上，有著重大的教育意義。但進入二十一世紀，皇陵再次遠離百姓的生活和視線，成為一座座只可遠觀，但不知其詳的山丘。

6「神國思想」如何發展成後來的「靖國思想」？

(1) 什麼是「神國思想」

我們一談到日本的歷史，很難不想到「神國思想」，也不能不考慮到它與天皇的關係。撇開過往的歷史問題和國仇家恨，冷靜去了解所謂的「神國」，意思就是「獲神明加護保祐之國」。「神國」一詞最早出現在《日本書紀》裡，裡面曾借朝鮮半島的新羅國王之口，說了以下一句名言：

吾聞東有神國，謂之日本，亦有聖王，謂之天皇。

《日本書紀》是奈良時代一本朝廷宣傳國家源起的書，內容自然有誇張的部分，不可輕信。不過，上述新羅國王的一席話不論真假，充分反映「神國思想」已在奈良時代日本貴族的精神裡紮根了。自此在日本的各種文獻裡都能看到「我國乃神國」的字句。而隨著佛教在日本弘揚，當時日本上流社會和佛教界也認為日本是佛教世界裡的「小國」、「粟邊散土」，這樣的思想與同時間形成的「神國」思想並存。

而日本自接受佛教後，對佛教進行了「本土化」，將神想定為本地神祇，形成了互為表裡的「神佛習合」思想。因此奈良時代以後的「神國思想」裡所指的「神」，當然包括了佛教裡的神明，如大日如來等。

更重要的是，佛教進一步成為日本的重要宗教後，天皇也成為了佛教的代表。換言之，天皇既是天照大神的神孫，也是佛教的聖王，因此奉戴天皇為最高存在的日本，理所當然會得到特別的「呵護」。當時的人進一步相信，這個「特別待遇」使日本變得與眾不同。另一本與《日本書紀》一樣是古代日本重要歷史書的《續日本紀》提到：

大日本神國也，天祖（天照大神）始弘基，日神（太陽神）長傳此統，唯我國有此事矣，異朝（他國）無其類也，故此謂之神國也。

引文顯示，中世紀初期的日本上流社會不單以「神國」思想做為身分認同的象徵，更是將國土推向神聖化的重要根據，當時的上流社會不遺餘力去神化天皇，即所謂的「神格化」——天皇是現御神（或「現人神」）的思想。「現御神」就是指天皇是化為人形的神，做為天神的子孫，留在凡間，並且統治「神國」日本。

(2)從「神國思想」到「靖國思想」

「神國思想」隨著歷史發展，一步一步將日本和天皇也一併神聖化、神格化，催生出日本人對自身國家的優越感，同時也衍生出對他國的鄙視。尤其到了江戶時代，與外國的交流減少，以及朱子學的導入，神國思想進一步與儒家的華夷之別產生「化學反應」，尊崇日本本土思想文化的「國學」、「國粹」思想急速抬頭，強調日本的「神聖」，而天皇的尊貴成為他們肯定自我、讚美國家的重要元素。在這種熱烈的情結中，江戶時代的知識分子對外來文化和文明出現了又愛又恨，既好奇又鄙視的態度。

到了一八五〇年代，美國海軍准將馬修爾．培里來到日本要求開國，事件發生後，「尊皇」、「排外」、「攘夷」的呼聲不絕於耳，也是推倒千年武士政治的重要力量。不過，在明治維新後，這種神化國土國家、排外攘夷的思想逐漸消融，但不變的是崇拜天皇。當堅信「萬世一系」的思想配合從西方導入的「君權神授論」，又從政治神學層面加強了天皇的絕對權威和神聖性。

隨著日本開國，走向現代化，西方思想陸續進入明治、大正時代的日本社會，對當時的日本政府來說，正在萌芽的民主主義、社會主義和共產主義等左翼思想，開始對他們的寡頭統治構成威脅，也打擊了他們利用天皇神聖權威來掌控統治權的正當性。於是，一八八九年發布《大日本帝國憲法》後到大正時代，保守派勢力與政府開始在思想層面上塑造對抗左翼思想的「國粹主義」和「國家主義」。在這時發揮作用的便是承自江戶時代的尊皇、神國思想，兩者在明治時代後期急速膨脹成為「國家神道」。

這種保守、獨善思想持續成長的契機，來自一八九〇年代以後一連串的對外戰爭，以及帝國主義的抬頭。由於對清帝國、沙俄帝國的戰事捷捷勝利，日本國民對國家有著空前的自豪感，明治政府利用、轉化這樣的自豪，鼓勵國民為國家賣命、奉獻。明治後期、大正至昭和時代的日本政府，繼續利用天皇的神聖性做為號召，並在這前提下，以靖國神社為工具，鼓吹為國、為「萬世一系」的天皇犧牲是一種美德，死後將以護國英靈之尊，在靖國神社裡接受供奉和國民敬仰。

結果日本在二戰戰敗，以神國思想為核心的「國家神道」和「天皇＝神」的意識都被迫洗刷與消化，天皇也出於政治考慮，選擇與神國思想、靖國神社分道揚鑣。然而，堅信神國思想的強硬保守分子仍然將靖國神社視為精神支柱，這樣的勢力在現今日本政經界仍然保持隱然的影響力。

7「日之丸」、「君之代」與天皇有什麼關係？

(1) 日本的國旗和國歌

日本的國旗是「日之丸」旗（正式名稱是「日章旗」），而國歌則是〈君之代〉。不過，日本當局應執政自民黨員的提議，急欲加強國民教育，強化國民對國家的認同感，決定訂立《關於國旗及國歌法》法案，確立兩者的地位。

此舉被民權人士和部分反對派批評違反了憲法賦予和保障的思想自由，但在執政自民黨的推動下，國會在一九九九年八月才通過此法案。

「日之丸」與〈君之代〉做為國家的象徵紋章和歌曲，並且獲得政府承認，前後不過是二十年的歷史。雖然認定的時間尚短，但兩者如何產生？又與天皇又有什麼關係呢？

(2)「日之丸」與〈君之代〉的由來

首先是「日之丸」。這個象徵太陽高昇在天的紋樣，早見於各種歷史資料，但一開始的紋樣並非「白底紅圓」，而是有不同的顏色配搭，代表太陽的「日之丸」，其大小形狀也與現時國旗不盡相同。

天皇使用類似「日之丸」紋樣的最早紀錄，出現在公元七〇一年的朝賀之禮，此後以不同樣貌出現在美術作品之中。最早出現與現在「白底紅圓」相似的紋樣，是在十一世紀源、平兩大武士家族爭霸時期（史稱「治承・壽永之亂」）的軍用品上，而做為旗幟紋章使用的最早紀錄，則出現在十四世紀南北朝時代，傳說是後醍醐天皇下賜給大臣使用的。此後，「日之丸」被廣泛利用，成為戰國大名和武將軍配（指標用的工具）上的常見紋樣。

即使「日之丸」代表太陽，而且天皇曾下賜印有「日之丸」印紋的旗幟，但這也不代表「日之丸」在中世紀已經代表日本和天皇。它當時被大量使用的原因，只是出於國民普遍崇拜太陽的習俗。

國歌〈君之代〉本來是《古今和歌集》的一首和歌，由天皇下令編纂。〈君之代〉在公元九世紀大和朝廷時代用於祝賀大王長壽、統治長久，同時也用於貴族的活動。到了奈良、平安時代，擴大使用，成為祝賀儀典時的慶賀和歌。

〈君之代〉的原文（譯文後述）「君が代は　千代に八千代に　さざれ石の　いわおとなりて　苔のむすまで」裡的「君」存在諸多解釋，既可以是天皇，也可以是被慶賀的主人公本人。它經過一千年的發展，成為祝願天皇家長久無限、歌頌萬世一系的特別和歌。

(3)「日之丸」、〈君之代〉與近代國民教育

正式的白底紅圓「日之丸」旗由幕末時期的薩摩藩主島津齊彬創立。到了一八七〇年，《郵船商船規則》成立，便規定其為日本商船的標誌。這個規定的原意是用來識別開國後進出日本與非日本的商船，但後來便因例俗成，成為新政府認可為國家標誌的初例。

到了一九二三年，白底紅圓「日之丸」旗首次寫入小學六年級的國語教科書，等同在沒有立法下，國民、國家普遍認可了「日之丸」旗。

〈君之代〉又如何呢？它比「日之丸」更早獲得政府肯定。一八九三年，當時的文部省指定〈君之代〉為國歌（同樣沒有立法），指定各級學校須在各種儀式中齊聲唱誦。大正時代，〈君之代〉成為小學音樂科教科書裡必載的歌曲，而且小學四年級的「修身」科裡，學生更需學習其意含。

這首歌是我們日本國民衷心祝願天皇陛下的治世能夠千秋萬世，長存下去，繁榮昌盛。從古代開始，我們的祖先便一直扶持皇室，世世代代吟唱〈君之代〉，它是世世代代國民以眞誠之心吟唱的歌曲。每逢節日和喜慶儀式時，我們都會高歌唱誦它。

大正時代以後，〈君之代〉也成為日本殖民地的例唱之歌。一九四一年，日本軍攻下英屬香港後，便將它翻譯成中文版本，歌名定為〈皇祚〉：

皇祚連綿兮久長，萬世不變兮悠長，小石凝結成巖兮，更巖生綠苔之祥。

二戰後，以中共、韓、朝、中華民國（台灣）四國為首的受害國曾一度抨擊〈君之代〉為日本軍國主義的標誌。

第三章

天皇的藝能與學問

1 為什麼天皇視和歌為「國學」？

(1) 天皇的最大使命——《敕撰和歌集》

熟知日本文化的讀者必定知道，在日本傳統文學裡，和歌擔當了重要的角色，其起源可追溯到公元八世紀的大和朝廷時代。當時編成的經典歌集《萬葉集》是日本最古老的和歌集，在古典文學中有著不可動搖的地位。

除了《萬葉集》，不知道有多少讀者聽過《敕撰和歌集》呢？它是天皇、上皇主導編纂而成的和歌選集。被選中的和歌必須是能代表當朝風流和具有頂級水準的作品，要天皇或上皇過目欽定才可發表。因此，天皇與上皇的慧眼與和歌水準必須是「達人級」或以上才行，否則便會貽人話柄了。

《敕撰和歌集》的歷史可以追溯到十世紀初的平安時代初期，當時的醍醐天皇在九〇五年初次下令編纂《古今和歌集》，將古代至當時為止的各代歌人名作共冶一爐。由於醍醐天皇以來一直被奉為「聖君名主」，他之後的多代天皇和貴族都視他為楷模，因此便依照「先例」，每隔一段時期就下令編纂和歌集，直至室町時代的一四三九年，後花園天皇下令編纂《新續古今和歌集》為止，歷時五百年，總共編纂了二十一部《敕撰和歌集》，在和歌史上被合稱為「二十一代集」。

在《新續古今和歌集》後，和歌發展當然沒有停止，編纂和歌集也受到當時的室町幕府支持，曾經想繼續進行，但受到一四六七年爆發的「應仁．文明之亂」影響，京都許多保存歷代《敕撰和歌集》原本、抄本的貴族官邸和寺社，受戰火波及，或被燒燬、搶掠，損失慘重。後來雖然尋回部分，但因戰火持續，京都貴族和天皇自顧不暇，已無力顧及。其實戰國時代以後，天皇與貴族的和歌會以及和歌創作都繼續進行，武士階級參與和歌創作的人數也越來越多，但受到亂事打擊，《敕撰和歌集》的編纂，自十五世紀以來便被迫停止，無以為繼。

(2) 近世天皇與和歌復興

對於天皇以及他所在的上流社會來說，和歌代表著與古代先祖對話，是傳承王朝美德的媒介，其創作大多會參考、取材已有作品，也就是延續過往的「王朝記憶」。做為國君、先皇子孫，維持傳承「文化遺產」是歷代天皇的重責，換言之，復興和歌與恢復天皇權威，互為因果。

比起《敕撰和歌集》無以為繼，對於天皇來說，最大的問題還是和歌的傳承將會青黃不接，即使《敕撰和歌集》在散失後被陸續尋回，但內容的解讀以及歌中的意含、意境，卻需要有高人傳承下去才行。

然而，失去了舉辦和歌會的資源與場所後，做為傳承傳統「美意識」的最高責任者，天皇的權威將大受打擊。因此，戰國時代以後直至江戶時代的天皇，都拚命地想盡快恢復舉辦和歌會。

漫長的復興之路，從戰國時代中期的後柏原天皇時代開始。上文提到，熟知和歌的「歌人」貴族四散，但天皇努力在僅有的資源下，組織王族與留守京都的貴族進行和歌會，勉力傳承和歌，並著重教育年輕貴族子弟。

由於失去了穩定傳承和歌的場所，優秀的歌人改為收弟子傳授，並確保能傳承給最優秀的人材。這種傳承方法被稱為「古今傳授」，簡單來說，就像金庸小說中的絕世武功祕笈，靠一個人傳續下去。這個重擔輾轉落到戰國武將細川幽齋的身上，後來他傳給王族出身的八條宮親王，親王再將衣缽傳給他的侄子，也就是江戶初期的後水尾天皇。

做為江戶時代和歌史的「風雲人物」，後水尾天皇在復興和歌等傳統文藝方面廣受後世推崇。他活在太平復興的時代，不僅復辦了和歌會，而且打破戰國時代一對一「古今傳授」的作法，改為集體傳授；從前只限貴族、王族參加歌會，也開放平民歌人參與；又鼓勵提供和歌指導給坊間。以上都是後水尾天皇時代，讓來自不同階層的人一起傳承和歌的政策方針。

經過後水尾天皇一代的努力，和歌從貴族世界滲透至武士社會和平民階層。到了江戶中期，國學思想隆盛，憧憬一千年前王朝美好風光的意識到達新的高度。「和歌全民化」為後來湧現的「尊王攘夷」思潮帶來了一定的思想基礎。民間與貴族通過和歌凝聚對往古時代的集體想像。而天皇做為傳承的主體和象徵，受全民推崇，所以肯定天皇存在的必要性也提升到新的境界。

到了現代，天皇在憲法裡被定義為「日本與日本國民統合的象徵」。其中一個重要的「統合的象徵」，體現在天皇每年舉行的「歌會始」，那是吟誦和歌的文藝活動。換言之，舉辦「歌會始」是現代天皇傳承日本文化，向世人、國民顯示日本傳統的重要職責和國務。

(3)《百人一首》與紙牌遊戲

前文概述了天皇與和歌的關係，以及天皇如何負擔起傳承和歌的「帝皇之責」。最後，我們來看看《百人一首》這部作品，了解這些源起於宮廷的和歌，如何找到新的出路，成為十七世紀以後日本民間的文藝遊戲，讓平民百姓能接觸到宮廷文學，以至於成為日本人學習國語的基礎資料之一。

《敕撰和歌集》是天皇欽命修撰的和歌集，《百人一首》則是鎌倉時代著名歌人貴族藤原定家，從當時已有的各種《敕撰和歌集》等作品集中，選取有政治意含和社會願景的作品而成，屬於私人選集。《百人一首》收錄了象徵古代王朝輝煌時代的八位聖君名主（從天智天皇到順德天皇等），以及歷代代表文人貴族的作品。所以《百人一首》可以說是藤原定家通過編纂歌集去追憶古代王朝。

《百人一首》自從面世後，直至江戶時代，都只是朝廷貴族和上流武士學習和歌精粹的重點教材之一，一百首古代聖賢、名君的作品，是提供他們回憶過往歲月、找尋根源的重要依據。然而，時移勢易，到了室町時代，貴族們不再只視它為教材，改為以「寓玩樂於學習」的遊戲方式去活用。

所謂的遊戲方式像是最基本的「貝合」——將《百人一首》的各個名歌分成上下句，分別寫在貝殼上，然後蓋好。玩家拿著其中一邊貝殼，進行鬥快配對，最快又最多的一方便是勝者。

進入戰國時代，貴族勢力大受打擊，其文化隨之流出民間，「貝合」亦然。而由於貝殼成本高，加上十七世紀後期的江戶時代，木版的印刷技術提升，時人也接觸了葡萄牙人於十六世紀傳到日本的紙牌遊戲，於是出現了《百人一首》的紙牌。如此一來，平民更容易接觸到這些來自宮廷的古典精粹。舉例來說，紙牌裡的歌人肖像和圖面設計，便使庶民對原本遙不可及的貴族生活，更添幾分想像。

隨著時代發展，《百人一首》的宮廷文學精神在民間慢慢淡化，轉化為一種文學遊戲，甚至賭博玩意，陸續出現不同玩法，像是一對一的鬥快配對，再到團體戰（當時稱為「源平戰」），又或者是上句和下句反向配對等。

雖然《百人一首》紙牌遊戲的玩法越來越多，而且不再是貴族社會的專利，但是日本人沒忘記這是來自宮廷的文化，與天皇有關。遊戲中出現的一百位聖賢、名君成為日本各階層回想昔日王朝時代的入門工具，他們被深深植入大眾的意識形態中。直至現代，《百人一首》演變為一般國民理解古代和歌韻味的工具，甚至是小學生和中學生學習國語的輔助教材。對王朝的憧憬之情雖然已不復見，但《百人一首》平民化之後，傳統和歷史卻獲得保留和延續。換句話說，以天皇為中心的宮廷文化，至今仍發揮著「軟實力」。

2 出自民間的能樂，如何與天皇分分合合？

(1) 被禁止的民間舞樂

我們到日本各地旅遊時，會看到各式各樣的「能舞台」，那是舉行能樂的場所。這個現代人視為是日本傳統文化的代表，與天皇曾有一段「剪不斷，理還亂」的關係。

「能」或者現在所說的「能樂」，發源於十一世紀，是來自民間的藝能表演之一，後來派生出各種不同的特色，尤其以「猿樂能」最受歡迎，是當時成長最快、最有代表性的藝能活動。以猿樂為代表的「能」不僅深受地方武士階層喜愛，後來更成為江戶時代歌舞伎的重要元素之一。

因此我們可以說，能樂是日本庶民文化的代表，與宮廷音樂、藝文活動形成兩個不同的世界。不過，隨著王朝時代告終，原本壁壘分明的兩個世界，慢慢找到了接觸的機會。一方面是連歌、和歌開始在武士、百姓普及，而「能」、「猿樂」、「狂言」這些原本屬於百姓、田野的藝能舞樂，則隨著庶民生活日益改善，開始成為精神享樂，衝擊了久居深宮的天皇和貴族們。

這些出自於市井黎民的藝能活動，對於身為「天神御孫」的天皇來說，本來應該嗤之以鼻，不屑一顧，因為按職業、出身來劃分的身分階級概念，是當時的重要觀念，而「能」、「猿樂」、「狂言」的主要推動者是出身卑賤的「聲聞師」、「散樂師」。他們除了是「音樂人」之外，也兼職經營民間的宗教活動，以至辦咒術做法等與死亡、血腥密切相關的工作。因此，就身分觀念體系和「聲聞師」、「散樂師」的職業性質而言，天皇壓根兒與他們沾不上關係，不會也不能與之往來。當時的貴族甚至相信，一旦跨出這一步，將招來天災人禍，影響國家與天皇的安全。

十一世紀，朱雀天皇更曾在寫給子孫的《寬平遺誡》中提到：「天皇不應與這些卑賤之民交流，以免有失身分。」但這樣的宣言正反映了當時的貴族社會與王族的確已經「犯戒」的事實，所以才迫使天皇要明文禁止。

(2) 破誡的後白河天皇

俗話有云「規則是用來打破的」。天皇禁止是一回事，子孫有沒有照辦則又是一回事。說到天皇之中破誡最為明顯，甚至可以說是毫不避忌的，便是後白河天皇，他本來只是被安排做為臨時「客串」天皇的人物。因此，這位天皇的德行與操守自小便沒有受到嚴格管束，對民間的音樂藝能有更多接觸的機會。

當他經過保元之亂（後白河天皇與兄長崇德天皇的王位之爭），成為天皇的不二人選後，他親近民間藝能的喜好，為宮廷與民間搭建了罕有的橋樑。

可是，後白河天皇時代的日本，兵亂繁多，貴族的生活和權威受到武士崛起的影響而日漸衰敗，他之後的天皇與朝廷為了維持原有的秩序，始終對猿樂為首的民間藝能有所顧忌。由安德天皇寫於十三世紀的家教誡條《禁祕抄》便再次強調了「階級之別」，告誡今後的天皇不應「自劣其身」。

不過「口嫌身誠實」，朱雀天皇和安德天皇的遺誡都沒有太大作用，後來的天皇還是抵受不住在民間大受歡迎的藝能活動。不少天皇多次以後白河天皇的例子來破誡，容許這些應該一輩子不能進入皇宮的樂師，來皇宮御前表演。

到了室町時代，同樣喜歡猿樂，但又不受宮廷誡條影響的室町將軍足利義滿有系統地組織這些樂師，並且由幕府進行全面管理，即所謂的「猿樂座」或「大和四座」（四個出自大和國，即現在奈良縣的猿樂流派）。室町時代的天皇只能通過幕府來觀賞猿樂，同時又面對來自貴族的阻撓，一直不能輕易成事。尤其如果天皇在這前後碰巧得病，更給貴族阻止的口實，說這是天皇破誡招來賤民的警示。

(3) 天皇與猿樂的離離合合

當天皇受制於祖宗家法和貴族阻擋，皇宮外的猿樂在室町時代迎來了另一個春天，猿樂的演繹者從專業樂師擴大到京都、奈良等地的民間藝技師，以及一般村落百姓。雖然它一直都是武士階層的文藝活動，但在同一時代，「猿樂」也通過各地的宗教祭祀活動，開始滲透進入民間，形成後來的「田樂」。直至江戶時代，「猿樂」、「田樂」成為了一種在城市、鄉村普及的文藝活動。

之後叱吒戰國風雲的織田信長與豐臣秀吉出自民間，對於這種轉化為大眾娛樂的藝能活動更是喜愛有佳。織田信長在桶狹間之戰前自唱自跳的久世舞《敦盛》便是來自猿樂，並加以改良、簡化。到了豐臣秀吉掌政的時候，更主動於一五九三年邀請後陽成天皇在皇宮觀賞由他安排的猿樂演出。

然而，天皇與猿樂這段久禁不止的交流，終於在江戶時代迎來了終結。德川幕府重視當年朱雀天皇和安德天皇的遺誡，強力阻止猿樂再次進入皇宮，並將猿樂和能樂定性為武士專享的藝能活動，以保天皇的神聖和權威，企圖回復王朝時代重視宮廷傳統藝能的精神。

一直到明治維新後，能樂才再次與天皇結緣。當時的明治政府在視察歐美國家的風土人情後，深切意識到在維新西化的同時，有必要向國內外人士彰顯日本傳統的真善美。於是在時任外務卿（外交大臣）岩倉具視的牽引下，政府重新撿起了能樂，以之做為「國樂」、「國劇」，抗歐洲的歌劇，更通過出身貴族的政府官員，邀請明治天皇觀看能樂（稱為「天覽能」）。自此，出於政治考量而獲得大力扶持的能樂，終於「重見天日」，得以與天皇在「陽光底下」做恆常交流，所以迎來了又一高峰。

除了江戶時代和明治維新，天皇與民間藝能雖然有著一定的禁忌隔閡，但是這種枷鎖並不如想像中森嚴。天皇與民間的互動一直隱晦地進行著，形成了一絲羈絆。即使經過數百年的變革，兩者仍能夠透過昔日的記憶，重新聯繫，足以讓我們重新估量天皇身帶的文化軟實力。

3 在天皇帝王學中，音樂代表的意義為何？

(1) 被遺忘的帝王學——音樂

在前一問，我們了解和歌做為帝王學的一種，對於天皇和天皇制來說，意義匪淺。我們甚至可以說，和歌是天皇扮演國家象徵、文化傳承的其中一個重要素材。

不過，即使我們以為天皇們對於傳統十分執著，保護古來的風尚不遺餘力，但事實上不是所有天皇的帝王學都能保留至今。一些從古代延續下來的儀式、行事往往隨著國家歷史發展而停住了腳步，成為人們的記憶。其中一個被留在歷史裡的是——音樂。

說到音樂與天皇的關係，相信有些較留意現代皇室消息的讀者知道，新任天皇德仁是一名管弦樂的能手，他在就讀學習院大學時，便能演奏小提琴和中提琴。然而對於天皇家來說，演奏西洋樂器當然是一個異數，畢竟西洋樂器和音律傳來日本不過是一百五十年前的事。

在那之前，歷代天皇一直都與和式樂器和音律如影隨形，密不可分。沒錯！樂器和音律就是天皇的帝王學之一。

前一問提到，現代的日本皇室會在每年一月於皇宮舉行和歌會，歌會起碼已有近八百年的歷史，可追溯到十三世紀末的鎌倉時代中期。

比和歌會歷史更悠久的就是「御樂始」，用現代語來說類似於「皇家演奏會」。在這個皇家演奏會裡，天皇不是臨席聆聽的一方，而是親自演奏的當事人。因此，「御樂始」與和歌會一樣，都是展示天皇文化實力和教養功力的重要活動。

「御樂始」的歷史可以追溯到一千二百年前的奈良時代，一直延續到一八六九年，也就是明治維新的第二年。明治天皇在該年舉行了歷史上最後一次「御樂始」，直至一百五十年後的現在，都再沒有舉行過，已成絕響。

鎌倉時代中期的順德天皇，在自筆書寫的帝皇家訓《禁祕抄》中，提到天皇有幾個必須學習的技能，排第一的是中國經典學問，第二的是管絃，和歌則緊隨其後。由此可見，在古代帝王學裡，管弦的重要性與和歌相比，有過之而無不及，而且均要求王家子弟從小學習，預定將來成為天皇的皇子，更以最嚴格的方式接受名家的教育和培訓。

既然如此重要，為什麼管弦會在明治維新之後隨即被棄之一旁，不曾復興呢？在這之前，先來談談天皇的音樂學史。

(2) 天皇的管弦學

上文提到，古代的日本宮廷重視奏樂，這與七世紀時通過遣隋、遣唐使的交流，吸收了中國王朝的禮樂制度，有著重要關係。在這之前的古墳時代，即公元五世紀為止，日本通過與朝鮮半島的交流，吸收了百濟、新羅和高句麗三國的禮樂舞曲，將其改良和進行本土化，慢慢形成日式風格。因此，日本宮廷的奏樂文化其實是經歷不少轉折，混合而成的。

在諸多奏樂種類之中，天皇尤重管樂和弦樂，一般而言，主要學習的管樂樂器有笛和笙，而弦樂樂器則是琴（和琴、和箏）與琵琶。

十世紀時在位的村上天皇曾經說明管弦樂對天皇的意義。他說：「思於心裡，攜於手上，唱於口中，聽於耳內。」他認為通過學習、演奏管弦，便能習得四個重要的美德——心有所思、手持音樂，唱念口邊和深入耳聽。可見到了十世紀，天皇已經不只視音樂為陶冶性情的工具，更將其提升到培育君德君才的重要媒介。也因為這個原因，管弦在中世紀時便被尊稱為「帝器」。

到了十二世紀，正值武士崛起的時代。即便如此，天皇與貴族對於「帝器」管弦的重視一如既往，也產生了很多理論和哲學，當時最重要的一本管弦樂理書《管弦要義》便提到：「一切音樂皆是爲治國治民也。」

當時的貴族依然相信管弦為首的音樂是國君學習治國、兼聽八方、知國難、憂民苦的重要一環。因此為了盡早習得如此重要的治國之術、帝王之學，皇子們自小便刻苦學習，學有所成後便會在「御樂始」等場合，於眾貴族王族面前演奏，以示具備統治能力。

然而，隨著朝廷統治能力衰退，以禮樂治國的理想已不具現實性，天皇學習管弦也變成一種禮儀和家藝獨學。對於鎌倉時代以後的天皇來說，學習管弦既是天皇的任務，也是延續祖宗遺德、絕學的使命。

因此，雖然有少數天皇在特定條件下，可以自選喜歡的管弦樂器來學習，但這也與他父皇的學習經歷十分有關。即使某一位天皇對學習特定的樂器沒有天分，但為了以上的理由也必須勉力學習，延續傳統。

這是因為如果不能延續下去，既愧對祖宗，也有損君德。尤其在十三至十四世紀爆發的天皇家分裂，學習管弦樂器對於兩派互不承認的天皇家系（北朝、南朝）來說，更是分辨敵我，以及顯示優越的武器。

這段王家分裂的苦難同時也是「帝器」的淘汰篩選時期。到了室町時代，管樂中的「笙」與弦樂中的「箏」，成為了最重要的「帝器」，為此後歷代天皇所必修，以示君王的氣度與教養。不過到了江戶時代，學習樂器逐漸式微，「帝器」也不如古代那麼被重視，流於形式化。笙與箏以外，曾一度被放棄的和琴、和笛，也重獲重視。

到了幕末時代，最後一個可以演奏笙與箏的是孝明天皇，而明治天皇則似乎未學習「帝器」。在一八六九年舉行的最後一次「御樂始」，天皇變成了「聽樂」的一方，不再進行演奏。明治政府雖然沒有明示原因，但顯然是模仿當時西方國家君主出席演奏會的習慣。雖然西歐國家也有國王自行演奏樂器，但明治政府為了提高君威，強調國家威嚴，否定了身為「現御神」的天皇在公眾場合演奏樂器的需要。

雖然新天皇德仁熟習西方弦樂，但這並不代表天皇重拾演奏樂器的王家傳統（畢竟不是和樂）。這嗜好會不會成為將來天皇重修「故業」的契機，則有待觀察了。

4 茶道如何成為近世天皇的新學問？

(1) 天皇與鬥茶的邂逅

天皇與茶有一段悠長曲折的關係，而且這段關係足以反映天皇與時並進，絕對不只是抱著古典、傳統到底的「活化石」。

天皇與茶的關係可以追溯到九世紀初（八一五年），即平安時代最初期。《日本後紀》記載，當時在位的嵯峨天皇繼承父親桓武天皇熱愛唐帝國文化的遺風，協同貴族、皇族出行至京都東面的近江國，當時與群臣吟詩遊興，更喝下了隨行高僧永忠為他沖泡的茶。

這是目前天皇與茶接觸的最早紀錄，但我們沒辦法確定嵯峨天皇喝的究竟是什麼種類的茶。不過，由於廣為日本國內外熟悉，號稱最早的名茶「日本第一茶」宇治茶，肇興於公元十四世紀左右，加上按上述記載，地點發生在今天的滋賀縣，因此我們幾乎可以肯定，嵯峨天皇喝的不是宇治產的茶。

一般相信，永忠為嵯峨天皇沖泡的茶很可能是從唐帝國進口，又或者是永忠自行栽培的茶樹。因為他在年輕時曾做為遣唐使，到長安留學。

日本通過遣唐使大量吸收了唐帝國的文化，形成了一段長達百年的「唐風文化」熱潮。即使後來唐帝國滅亡，日本走向自己的文化發展期（史稱「國風文化」期），這個記憶和習得的諸藝能卻成功留在王朝貴族與天皇的生活之中。

到了中世紀（公元十至十五世紀），除了繼承唐文化外，受到日宋貿易的影響，唐至宋帝國流行的團茶，和當時在宋帝國流行的遊戲「鬥茶」，也滲透到京都宮廷。另外，宋帝國興起的抹茶也在十二世紀左右，通過留學僧侶傳到日本。

那時候最為流行的還是鬥茶遊戲，在貴族的日記中能看到天皇也參與其中。那時的宮廷茶會不像下一問談到的「侘茶」那樣，在一個小小的茶室裡安靜沉思、喝茶，其實更像一個「派對」。鬥茶之後還會有一系列文藝活動，如能樂、歌會等。總之，鬥茶在十三至十五世紀，是主要的遊與之一，成為宮廷生活的一大部分，與以幽玄見稱的「侘茶」，是完全兩種概念和玩法。

這個風靡天皇與貴族們數百年的時尚「鬥茶」，到了室町時代晚期，為什麼會被「侘茶」取代呢？接下來要提到兩位重要人物。

(2) 近世茶道文化與天皇

說到「侘茶」，相信不少了解日本茶道的讀者，立即就想到「茶聖」千利休。的確，千利休的茶道成就了「侘茶」的發展，但是站在天皇與「侘茶」的角度而言，首先發揮作用的卻不是千利休，而是「第六天魔王」織田信長，以及他的霸業繼承人豐臣秀吉。

嚴格來說，「侘茶」是在豐臣時代才興起的。之前的戰國時代，當宮廷世界還以鬥茶為樂時，宮廷外的喝茶文化已經出現重大轉變。最大的改變源自室町幕府第八代將軍足利義政的茶室文化，接著是由町眾商人繼承、發揚的「茶湯文化」，也就是「侘茶」的前身，還有與茶湯文化緊密相關的收集茶具熱潮。

將這兩個熱潮推進到新階段的是織田信長。信長自從一五七二年開始控制京都後，便大力推廣茶湯文化和茶具收集，更將兩者與政治、駕馭家臣扯上關係，當時稱為「茶湯之政道」。總而言之，鍾愛茶湯的信長在晚年將這個嗜好介紹給當時的正親町天皇。

一五八二年，信長死於本能寺之變，成功「接班」的豐臣秀吉在一五九一年完全統一日本。在這期間，秀吉彷彿是繼承信長遺志一般，自一五八六年第一次與千利休一起舉辦茶會後，便持續向天皇與貴族們導入茶湯文化。

秀吉在這些茶會裡，都主動地為天皇沏茶，背後的政治意圖自然不言而喻。但更重要的是，在信長先提倡，秀吉再大力推動之下，天皇與宮廷享樂已久的鬥茶文化正式受到衝擊，開啟了天皇、宮廷茶文化史的新階段。

不過要留意的是，雖然受到秀吉影響，正親町天皇以及他的孫兒後陽成天皇開始接受了茶湯文化，但天皇家和宮廷完全捨棄「派對」茶會、鬥茶，改為全面擁抱「侘茶」，還是要等到江戶時代初期（一六七〇年代），即後西天皇的時代。

在大約八十年的歲月裡，天皇的茶文化、茶生活處於轉換階段，尤其是豐臣秀吉死去後，繼承霸業的德川家康，在茶文化的交流上與天皇保持一定距離。於是，那時候的後水尾天皇便自行摸索「天皇的茶道」，既維持著一直以來的遊興式茶會，同時又在京都皇宮裡導入了秀吉時代流行的茶室。靠著後水尾天皇驚人的活力和長壽，宮廷茶文化終於脫離中世紀的鬥茶文化，慢慢轉換到「侘茶」，而且推廣到貴族階層之中，最後在他兒子後西天皇時完成。可是，除了「侘茶」在江戶時代越來越流行外，天皇轉換茶文化的更現實原因，是因為遊興式茶需要極大開支和人力。當時的德川幕府鑑於德川和子（家康孫女）成為後水尾天皇的中宮，為了對外彰顯朝廷與幕府關係良好，於是一直支持天皇茶會等活動的費用。然而，天皇駕崩後，幕府便以提倡節儉為由，逐步減少對朝廷的「津貼」。

縱使天皇的文化軟實力有其界限，但是總體而言，「侘茶」在天皇的茶文化史裡開花結果卻是不可否定的事實。這個因緣也是以「侘茶」為中心的近世茶道，能在日本獲得尊崇，得以發展的重要因素之一。

5 天皇與日本帝王學的關係為何？

(1) 天皇的學問與儒家經典

如果討論日本帝王學，不知道各位讀者會想到些什麼？或許大家會反問：「日本天皇也有帝王學嗎？」天皇長期與統治沒有直接關係，使得不少朋友覺得，天皇就算有帝王學也無用武之地。

然而，如果我們放開對於權力與統治的執著，做為一國之王，還是必然要思考、學習帝王學的，事實上，日本天皇的帝王學在古代已有跡可尋。

最早記載天皇和王家教育的史料是《古事記》和《日本書紀》。據兩書以及其他的史料記載，第十五代天皇應神天皇讓王長子（即「太子」，但當時未有太子制）菟道稚郎子，拜當時的學者阿直岐為師，又命來日本的百濟人王仁教導王長子學習《論語》。自此，從大和朝廷時代的大王時代，到後來的天皇時代，日本王家的教育都以中國的漢文經典做為主要教材。

除了上述《論語》，《五經》、《貞觀政要》、《帝範》、《孝經》等中國各朝帝皇必讀的儒家經典陸續導入，在奈良時代和平安時代已經成為了天皇、皇太子和其他皇子（親王）的必修教材。後來，教材數量隨著時代發展有增無減。《史記》、《千字文》、《文選》、《群書治要》等史、書、治類的書，再到《周易》、《尚書》、《周禮》、《左氏春秋》、《孟子》、《白氏文集》等中國先秦時代的聖賢之書，到唐代的詩集文選，都一一成為天皇和皇子的家課讀本。而且即使繼位，教學也不會停止，要學習直至天皇死去。

另外，有關王家教育制度方面，平安時代初期設定了皇太子和皇子們開始學習的儀式，稱為「讀書始」。一般來說，皇太子大概都在十一歲左右開始學習這些中國儒家經典。平安時代開始，都會由通曉儒家，身任「明經博士」的貴族擔任師傅以及天皇的老師，為天皇父子解說儒家，還有老、莊之學。

每代皇太子第一本修讀的經典都是《孝經》，當時的王家認為，儲君要懂得對皇父盡孝守節，才是為君的根本條件。十一世紀中期，當時的後三條天皇（第六十九代天皇）決定在自己皇子的名字裡加上「仁」字，從此除了少數例子外，逐漸成為了天皇家子弟命名的先例，直至今年即位的新天皇（名為德仁），風雨不改。

這也反映在十一、十二世紀，天皇重視和積極導入儒家思想，而且體現在生活的各個面向，以求將來的天皇不單學習儒學，更有「君心」和「君德」。當然，這並不代表日本王家全面傾心儒學，天皇家也著重學習《日本書紀》，做為學習、理解祖宗創國的歷史書。

(2) 天皇們的為君心得

學習儒家經典是天皇家學習為君之道的基本方法，但是，嘗言道「子不教，父之過」，做為君父、皇父的天皇，又是否把教育兒子之責都推給帝師呢？當然沒有，其實在九至十三世紀左右，當時有幾位天皇留下了一些訓誡子孫的教導文，例如九世紀時，宇多天皇的《寬平御遺誡》；十三世紀時，順德天皇的《禁祕抄》；還有跟順德天皇差不多時代的花園天皇，則寫下了《誡太子書》，都成為後世天皇引以為座右銘的帝王學教典。

這幾位天皇如何說解為君之道呢？例如，《寬平御遺誡》裡就提到：

聖哲之君，必依輔佐以治事。華夷寡小之人，何無賢士以感救徹。事有持疑，必可推量以決之，新君慎之。

為君「用人勿疑，疑人勿用」的道理，天皇當然不可不知。

而關於天皇的能力修養方面，《禁祕抄》則強調：「第一學問也，第二管絃。」說明天皇最重要的是強化自身的學問修為，通文曉樂，這才是君德、君心的核心。《誡太子書》也提到：

學功立之，德義相成者，不啻盛帝業於當年，亦即貽美名於來葉（世）矣，上致大孝於累祖，下加厚德於百姓。

十三世紀的天皇雖然已大權旁落，只能冷眼旁觀武士開始當權，但這卻不代表他們已經視「帝業」、「君之道」為兒戲。上述的帝王學依然繼續傳承，一直到近代的昭和天皇。隨著大權不在，久居深宮，這種心聲和理想只能默默留在天皇和侍奉他們的貴族心中，做為精神支柱，提醒自己存在的意義和使命。

6 昭和天皇的倫理課為什麼會提到戰國大名？

(1) 天皇的帝王學

如果不理解「帝王學」這個名詞，或許可以將它比喻為家族式企業，又或者獨裁政權培養接班人的教育方式。不過，對於仍然存在「帝王」的日本來說，天皇的教育是實在的問題。說到近代天皇的教育，尤其是明治維新以後，華人比較少人留意和關心。以下以較為有趣的角度，帶讀者一窺近代日本天皇的教育。

明治維新成功後，新政府在開國自強之外，對於年僅十六歲的明治天皇睦仁的教育也是不遺餘力。新政府為了實現「王政復古」、天皇「萬機親裁」，培養明治天皇的君德、君威與君才，自然是十分重要的任務。由皇子時代學習中國的經典如《大學》、《中庸》和《論語》，直至登基的第二年開始學習《貞觀政要》、《日本書紀》等，天皇的教育進入了新的時代，君德與萬世一系、萬機親裁變得息息相關，除了技能、學術上的知識，德（內心的涵養）與道德日漸占據更大的比重。

明治天皇之皇太子嘉仁（後來的大正天皇），受出生時的腦部病患影響，學習能力略低，這讓十分關心子孫教育的明治天皇，對皇太子的教學與成績水平十分著急。明治三十四年（一九〇一年）四月，皇長孫裕仁出生後，明治天皇為了確保剛上軌道的帝國能長遠發展，對皇長孫的教育更是要緊。在裕仁出生剛過兩個月左右，便送到伯爵川村純義的家中，受其撫養。八歲開始便在乃木希典的全力指導下，開始學習。

到了裕仁十三歲時，即大正三年（一九一四年）初春，乃木希典在死前推薦，時任海軍大將的東鄉平八郎，獲大正天皇批准設立「東宮御學問所」，教授甫踏入青少年期的皇太子裕仁中學程度的教育。其中一個新開設的科目便是「倫理」科，當時負責此科的講師（御用掛），是舊膳所藩出身的學問家杉浦重剛，他曾兼任東京大學、日本中學校校長等教職。

大正三年至大正十年，前後七年，從杉浦重剛準備的龐大、多元又貫通古今的道德教材和事例，我們可以看到他為了教育這位未來天皇所下的苦功和熱誠。值得向各位讀者分享的是，杉浦重剛在眾多日本歷史人物中，不知道是有意還是無心，特意在其中一節課舉了一位戰國大名為例，為皇太子裕仁進行詳細講解，這位戰國大名是誰呢？

(2) 君德與上杉謙信

有幸成為皇太子學習倫理時，做為重點事例的，是「越後之龍」上杉謙信。裕仁在東宮御學問所裡學習的其他學科，當然也提到其他戰國大名，例如在明治時代備受歌頌的織田信長，而其他的大名武將則只有片文隻語，謙信卻獲重剛以一節課的時間說解，來教導皇太子裕仁某個倫理之義。

翻閱杉浦重剛的教材及講授稿，發現他經常以時節或事物為契機，藉題發揮，並舉例說明各種道德倫理的要義。謙信的「專場」在第二十四講，時間在大正四年（一九一五年）九月十三日，按照重剛所說，當日正好是中秋，於是引用了據傳為謙信在天正二年（一五七四年）九月，攻擊能登國七尾城時所作的七言絕詩〈九月十三夜〉。

重剛一開始先向裕仁講解謙信的簡單生平（當然不少是根據江戶時代以

來的軍記，不盡史實的部分頗多），他這樣評價謙信：

我戰國之世，豪傑四方競起，互鬪智勇，各自發揮其材能，然而，當中如上杉謙信，不啻其武略傑出，且俠骨稜稜，殆不見有人可與之比也。

之後當然是謙信的生平，如協助上杉憲政征伐小田原、向宿敵武田信玄送鹽、上京面聖勤王（指忠於天皇，服侍天皇、為其賣命）等早已家傳戶曉的故事，重剛都一一向十四歲的裕仁講解。在這之後，又略提到謙信的繼承人上杉景勝，以及江戶時代名君上杉治憲（鷹山）的事跡。最後，重剛為輩出謙信、景勝和鷹山等名君的上杉家做出總結，他說：

謙信性廉潔而重信義，最富俠氣，景勝受之以武，至治憲中興家道，專布仁惠。上杉氏傳至今日，猶列華族，蓋存餘慶者也。

換言之，重剛想通過謙信以及上杉家的例子教導裕仁俠義廉潔。他又藉景勝和鷹山的例子，指出傳續優良精神的重要性和必要性，並且分析出如果能做好，定必會澤惠後人的道理。套在裕仁身上，如果他能秉承祖父明治以來的「祖業」，那麼日本帝國的國祚也能長久下去。

不論後來的歷史發展與重剛期待的有多少差異，但我們通過以上的例子，看到這位「帝師」在近代日本的帝王學裡，怎樣善用例子（史實與否，姑且不論）去豐富未來天皇的涵養和道德心，在天皇的教育史上是難得窺見的珍貴片段。

7 近代天皇與達爾文進化論，有什麼矛盾？

(1) 污衊「現御神」的進化論

現代人對於英國科學家達爾文提出的「生物進化論」，可以說是耳熟能詳，除了部分人士因為宗教信仰因素外，大抵不會對此論做出強烈的質疑與抨擊。不過在明治維新後至戰前，進化論在日本卻有著曲折顛簸的發展。而且，更與天皇的地位與定義扯上關係，一度成為日本國內的禁忌。究竟是怎麼一回事？

時間要撥到一九〇〇年代，進化論通過曾留學德國的生物學者丘淺次郎介紹，進入日本。他著有不少科普啟蒙書籍，以便年輕科學家了解。這些努力與貢獻使他成為明治末期至大正時代，其中一位具有影響力的科學家。

在眾多推廣「進化論」的書籍中，丘淺次郎吸收了達爾文的精神，主張「人類是猿類的一種」、「人與其他動物是一樣，來自同一個祖先」，即所謂的「人猿同祖論」與「人獸同祖論」。他的理論雖然衝擊了當時日本知識界，並且獲得年輕學生和後進學者的認可，但卻也大大傷害了主張「皇國史觀」和「神國思想」的人士，變相地敲擊了他們的「玻璃心」。為什麼呢？

丘淺次郎導入的「進化論」獲得了的認同，意味著有一群人正面地接受了西方思潮，代表他們開始質疑、無視江戶時代以來的神道家和國學者所宣揚的傳統世界觀和國家觀。這不只是學術研究的問題，因為站在主張「政祭一致」、「政教合一」的神道家、國學者、政府眼中，這已經動搖了天皇權威。因為不論在神道、國學，還有政治思想裡，天皇是「天照大神之御子孫」、「大日本帝國從一開始便是由天照大神之孫瓊瓊杵尊下凡統治之國」、

「萬物萬事無不倚賴神德」。這些思想早已寫進了當時的小學教科書裡，所以當丘淺次郎介紹了人類與野獸、猿類同祖時，等於向國民宣示科學界否定了已定調的思想方針，將神聖的天皇與猿猴扯上關係，犯上了冒瀆天皇的不敬大罪。

可是，當丘淺次郎導入進化論時，政府機關的執法還沒有大力進行，仍然處於科學家、神道家與國學者論爭的狀態。但隨著當時的外交政局改變，與對外戰爭的勝利，使得國粹主義與愛國思想急速膨脹。

政府需要持續鼓舞人心，一致支持對外擴張的聲音，同時也需要急速發展科技，鼓勵科學，以備國家發展的需要，而在這些事務之前，強調天皇的神聖性以及日本優越不可侵的思想，是不變的基調。於是，到了一九二〇至三〇年代，日本政府一方面大力支持自然科學、軍事科技等研發，並且提倡合乎政治需要的「優生思想」，來證明日本優於東亞周邊國家；另一方面則利用思想警察對「進化論」等被認為是有害國家安全與天皇權威的言論、刊物，進行監視。

換言之，在當時，科學家們只要「識時務」，不故意發表一些「不合時宜」和「不敬」的言論，便可安心進行科學研究。這種剛柔並用的白色恐怖反映了戰前日本人對於皇國思想與科學精神，那條艱難又曖昧的分界線。問題是，理論上受「進化論」影響的當事人——天皇，又是怎麼想的呢？

(2) 昭和天皇的科學思想

丘淺次郎導入進化論，席捲二十世紀初的日本科學界，昭和天皇當時已為學子，積極學習各種最先進的科學。當時，被譽為「最後的元老」的西園寺公望，以有可能影響天皇的神聖為由，提議天皇改修習「較為安全的」生物科學，而天皇本來想向人文學科發展。

受到這個決定影響，昭和天皇在皇太子時代，以及一九二六年即位後，都積極研究生物學，當時的日本政府多次通過宮內省（現在宮內廳的前身）對民間媒體發布照片和新聞稿，向國民展示了「國家君主關心科學，具有先進思想」的理想君主形象。然而，這個理想的君主形象很快便產生兩重尷尬。一方面，官方否定了進化論，但應當擁護這方針的天皇卻研究了生物學，難免誘使國民及有識之士關心天皇對進化論的見解。

另一方面，隨著侵略中國的戰爭日漸緊湊，積極推動侵略戰爭的軍部激進派要求身為軍政最高首長的大元帥陛下——天皇——以身作則，天皇的各種行動要符合國益，醉心於可能削弱士氣的科學研究，被軍部內的激進派（皇道派）視為不當。

同時，當軍部事實上控制了政府後，也代理了天皇對外發布消息，天皇獎勵科研與從事科研的新聞則一律停止發布，卻大幅增加天皇與軍隊相關的消息。在當時的政府計畫裡，天皇是獎勵科學的開明君主，站在科學知識界之上，而不是他們的其中一員。

那麼，天皇自己又對這種肯定與否定的分裂狀態有什麼想法？據當時常伴天皇左右的侍從武官長本庄繁的日記，天皇於一九三五年四月，曾對思想與科學的關係有過以下發言：

如果想以思想信念去抑壓科學，我們將會落後於世界。就好像現在我們無可避免要被進化論蓋過一樣……話雖如此，思想信念本來就是必要的，總之，朕認爲思想與科學應該平行並進才對。

儘管在軍部的強烈要求下，天皇被迫隱藏了自己的科學家思想，但到了戰後，他卸下了戰爭罪責的同時，也卸下了皇國思想、軍國主義的負擔。日本也宣布與激進思想訣別，重新擁抱先進的西方思想，包括長期被排擠的進化論。

天皇本人則通過「人的宣言」，公言放棄了「神」的身分，可以回到當初的本心，繼續擔當一國之君，以及「科學者天皇」。

戰後的日本政府和駐日美軍急須為天皇洗去保守固執的「皇國思想」外衣，換回一度被軍部遮蔽的先進思想科學家的形象。一九四七年，日本政府向外國媒體發布了皇室寫真集。當中一張照片成為著名例子，反映日本政府精心地向世界介紹天皇的新形象。

這一張名為「天皇」（EMPEROR）的照片（請看147頁），昭和天皇在皇宮的某個房間裡，坐在椅子上閱讀美國的《星條旗報》（Stars & Stripes），而茶几上則放著英國的報章《泰晤士》（The Times）。值得注意的是，他背後設有兩尊黑色胸像。上方是以解放黑人奴隸著名的林肯的胸像，象徵自由、平等精神；而下方靠近天皇左邊的，則是達爾文胸像。

放棄皇國思想的天皇與主張自由、平等的傳奇美國總統，還有進化論的提倡者，再次天衣無縫地「復交」和「合照」。這照片絕妙之處在於，強烈地宣告：昭和天皇已經從「神的子孫」回到「進化論」支持者，而且擁抱美國的核心價值。更重要的是，日本當局希望可以通過這張照片，將堅決否定進化論的過去歸零，再由天皇與達爾文、林肯的「合照」，宣示戰後日本將繼續由天皇帶領，重歸文明先進的現代社會。由此可見，戰後的日本與戰後的天皇互為表裡，不可分割。

圖1　閱讀英美報章的昭和天皇與林肯、達爾文胸像——來自《天皇》（EMPEROR），Toppan1947年出版。

第四章

天皇的生活與一生

1 天皇的都城為何由大變小？

(1) 天皇的「移動宮城」

說到日本天皇的宮城，想必大家會想到京都市的「京都御所」、奈良市的「平城京」，以及現今的東京皇居。事實上，歷代天皇的皇宮不止這三個！

不像鄰國中國王朝和朝鮮王國，日本的王都在一千二百多年前才固定在平安京。之前是長岡京（京都府長岡京市），更之前在平城京（奈良市），再往前追溯的話，還有新益京（即所謂的「藤原京」，現在的奈良縣橿原市）、恭仁京（京都府木津川市）、難波京（大阪市）、飛鳥京（橿原市）等。

從大王時代開始，便有定期「遷宮」的紀錄。這不像中國商代的盤庚王朝一樣，是受天災之類的客觀因素影響。簡單來說，日本君王當時遷都是因為風土習慣。大和朝廷時各王族各有一個宮殿（不像中國王朝那樣，王與儲君住在同一個禁宮），每當新的大王登基，都會將統治中心轉移到自己當王太子（當時的史料稱為「大兄」）時居住的宮殿，又或者再建一個宮殿，做為王國的新中心。

換言之，大和朝廷當時仍沒形成一個集權體制的國家，王與王族以至大臣都各據一方，核心是大王與歸附效忠的豪族首領建立的君臣關係。人民分屬各個豪族、大王與王族，即所謂的「部曲民」。每逢大王更替，便很容易出現政治危機和血腥政變，改置宮殿便等於重新確立新王的權威一樣。而基於這種統治形態，大和朝廷的「王都」嚴格上仍屬小規模。

⑵ 由宮殿變成宮城

到了公元七世紀，大和朝廷與唐帝國建立穩定的外交關係，進而模仿唐帝國的制度，其中一個導入的改革便是宮城的長期化、安定化。伴隨著「宮殿」變成「宮城」，政府集權與王國下的國民統合，更為重要，而宮城則成為國民集住群居的地方。

新都城內部的規畫也參照了唐帝國長安城，即棋盤狀的分區方式，史稱「條坊制」。日本歷史上第一個實行「條坊制」的就是新益京。不過，在這之前曾有數次嘗試，都沒有完全成功，而新益京也在建造不久後被放棄，宮城轉移到了更為著名的平城京去。

這與從前的宮殿轉移不同，是真正仿效唐帝國的都城化，將百姓、豪族大臣等從原本的聚居地飛鳥，全數轉移到平城京，並利用這個機會改行集權化的新身分制度，抵消了部落制餘風。

約一百年後，已經成功將國家體制由部落制轉化為集權式的日本，再次轉移宮城，時間是八世紀中期，當時的桓武天皇將新宮城轉到北面的長岡京，然後再轉到今日知名的平安京——京都。

(3) 由大變小的王宮

桓武天皇全面積極地導入唐帝國的制度，在天皇歷史和日本歷史上都十分知名。天皇在遷京平安後建造的平安宮（當時稱為「大內裏」）面積廣闊，據傳世的資料，大約近六十五平方公里，而當時平安京面積大約是一千一百五十多平方公里，可見光是皇宮便占了都城約百分之五的面積。

桓武天皇建造大皇宮和大宮城，是想像將接待唐、新羅、百濟等鄰國使者，所以必須顯示出王國的氣派。但自從日本在公元六六三年的白村江之戰中戰敗後，日本與唐帝國、朝鮮王國的關係也相應轉冷，加上唐帝國在天皇遷都平安前，已經受到安史之亂打擊，不復昔日的國勢，日本與之交流的力度也轉為薄弱，天皇原本構想的大國外交藍圖成為泡影。

伴隨而來的是「大內裏」顯得不合時宜、多餘和累贅。尤其是九世紀以來，日本已然放棄中央集權，朝廷官員（貴族）不減，但行政規模卻大幅縮小，彰示天皇權威的必要性也隨之大減。面積過大的「大內裏」維修費又十分昂貴，對行政與財政都形成重大的壓力。

自八世紀遷都以來至十三世紀，紀錄中「大內裏」起碼發生過十六次火災，其中有三、四次是毀滅性的大火，將宮殿燒成灰燼，天皇被迫暫時遷出宮城，到其他較小但比較合理的別院暫住，這些別院被統稱為「里內裏」。「大內裏」經過多次重建，財政負擔越來越大，重建的意義和必要性又越來越小。天皇多次搬出搬進，也早已與「大內裏」沒有感情。到了十一世紀，著名的白河天皇以「大內裏」太大、無用為理由，正式決定停止重建。自此，平安京時代的天皇宮殿多為較小的「里內裏」，而天皇辦公、祭祀等場合也在各代的「里內裏」進行。

雖然朝廷在後來曾有重建「大內裏」的計畫，但最後都因為成本太高，又沒有實際必要而放棄。順帶一提，目前位於京都市的京都御所，原本是室町時代以來天皇定居的「里內裏」，當時稱為「土御門東洞院殿」。自室町時代起，尤其是室町幕府將軍也長住京都後，天皇獲得將軍的照顧和保護。因此，除了因為例行發生的火災而臨時轉移外，天皇的居所地區和規模大致安定下來。曾經輝煌的「大內裏」，自此永遠停留在貴族們的回憶中。

2 沒有政治實權的古代天皇生活很悠閒？

在上千年歷史裡，天皇絕大多數時間沒有親自執政，而是主動或被動地委任「權臣」代為執政，如攝關藤原氏、平家和三個幕府政權。所以天皇在皇宮裡都很清閒，沒有事情幹嗎？當然不是這樣。所以天皇每日都在忙什麼事情呢？

如果大家曾經到過京都御所，裡面的最主要建築物——清涼殿——設置了一塊大的公示板。這塊公示版上寫了天皇搬到東京皇居生活前，在京都御所一年要進行的活動，即所謂的「年中行事」。「年中行事」的時間表十分緊密，由每年的元日開始，幾乎每月每週，以至每日都要進行「行事」。大部分都是祭祀活動，但也有一些重要的非祭祀性質的「行事」，這是天皇做為一國之主，唯一而且最重要的工作。

接下來，我們簡單看看天皇一年之中，幾個最重要的「行事」。

(1) 元旦的「朝賀」

新春伊始，元旦既是每年的第一天，也是天皇進行一年中最重要的「行事」之日。當日，天皇會接受「朝賀」。「朝賀」就是皇太子以下的皇族和眾臣，在清晨群集於皇宮的太極殿外前庭，向天皇行朝拜之禮。天皇當日在寢室進行梳洗，穿上「朝賀」專用的「冕衣」後，便會來到太極殿接受「朝賀」。他會向皇族和百官下詔，做為回禮。「朝賀」是從唐帝國典制裡導入的朝儀，規模和作法大抵與唐帝國類似，但到了十一世紀以後，由於與中國的交流轉少，加上朝廷財力轉弱，參與「朝賀」的規模和百官人數也一併減少，只限皇族和朝廷內稱為「殿上人」的高級官僚才需要參加。

⑵ 賀茂祭（四月）

春末、初夏的四月中旬，有另一個重要的「行事」——「賀茂祭」。「賀茂祭」又稱「上賀茂神社祭」、「下鴨神社祭」或者「葵祭」。在平安時代，「賀茂祭」與「石清水祭」、「春日祭」俱為王朝最重要的祭祀，後來「石清水祭」、「春日祭」逐漸式微，反而源於八坂神社，獲京都市民重視的「祇園祭」，在中世以後越來越重要，更與「賀茂祭」並稱為京都最重要的兩個祭典。後來加上明治時代，慶祝平安神宮建成而舉辦的「時代祭」，稱為「京都三大祭」。

簡單來說，「賀茂祭」就是祭祀京都的土地神——賀茂神——的祭典。天皇做為京都之主、天下之王，會親自前往或派敕使到上賀茂神社和下鴨神社，祈求國家中心京都繼續風調雨順。

(3) 神嘗祭與七夕之會（秋天）

到了秋天，最重要的「行事」便是「神嘗祭」。每年的九月中旬，即農作物收成的季節，天皇會在宮中，也會派遣「幣帛使」帶御酒與神饌（供品）到祭祀皇祖天照大神的伊勢神宮，進行祭拜和進獻，感謝皇祖賜予五穀豐收。遇上歉收凶作之年，「神嘗祭」當然繼續進行，但會改為祈求皇祖、神明賜予來年豐收。神嘗祭多次因為國家戰亂、王家式微而停辦，在戰國時代更是百年沒有執行，到江戶時代才得以復興，並且延續至一九四七年新憲法頒布廢除為止。

除了「神嘗祭」，農曆七月七日的「七夕之會」，又稱「乞巧奠」，重要性相對較低，但仍然是主要行事之一。奈良、平安時代以來，喜愛「哀傷之美」的貴族，對於牛郎織女的故事甚為重視。在王朝時代每逢「七夕之會」，天皇與貴族便會在皇宮內的清涼殿東庭舉行宴會，主要的活動就是管弦之會和吟唱和歌。這看似純屬娛樂性質的活動，其實是天皇在秋季的一個重要的「作秀」日子，他會親自演奏樂器及吟誦和歌，向群臣顯示自己文化、學問實力。從古代到近代，樂、歌都是日本上流貴族社會的重要核心價值，甚至是評定貴族與天皇才幹的重要能力。不過，與很多「行事」一樣，「七夕之會」在天皇遷居東京後，便不再成為例行的「行事」了。

⑷新嘗祭／大嘗祭（冬）

冬天的最重要「行事」就是「新嘗祭」（十一月下旬）。與九月的「神嘗祭」一樣，「新嘗祭」也是感謝五穀豐收的祭祀，不同的是，新嘗祭的祭祀對象不是天照大神，而是「天神地祇」，天皇向天神地祇進獻當年的收穫並感謝，祈求明年繼續如是。由於是向天神地祇祭拜，天皇不會遣使到伊勢神宮。他會進食祭品，以示與天神地祇享有同等地位。不過，如果當年新天皇在「新嘗祭」之前即位，那麼新嘗祭便會改為「大嘗祭」或「踐祚大嘗祭」，做為向天神地祇宣告新天皇即位的儀式。因此，「大嘗祭」的規模遠比一般例行的「新嘗祭」大得多（有關大嘗祭的說明，請看第一章4問）。

除了以上，天皇還有大大小小「行事」，各有興衰，有新有廢，但無論如何，從天皇在這方面的活躍程度來看，他絕非無所事事的。他做為一國之主，國家級的祭祀和儀式都只能由他來主理，這些都是權臣們不敢跨越的「聖域」。

3 江戶時代的天皇即位儀式是京都官民尊享的同樂日？

(1) 即位儀式與京都市民

君主即位儀式必然是盛大而隆重的。到了近代，以英國為例的西方國家更直播即位儀式，凝聚國家意識，也通過媒體讓外國人觀看盛況，宣傳國家榮譽與歷史文化。

至於日本呢？從平民的角度而言，大正天皇和昭和天皇的即位儀式既莊嚴又神聖，但沒有國民參與。當時的日本人主要靠報章和官方消息來理解、想像新天皇的即位儀式。一直到平成天皇，才通過攝影片段讓國民窺見部分進行的過程和場面，但儀式與民眾之間仍然存在隔閡。

大家不要以為這是天皇家的慣常作法，用來提高威嚴。在江戶時代，天皇即位的儀式其實有截然不同的風景。雖然江戶時代的天皇總是甘受德川幕府將軍的霸凌，活像是任人擺佈的玩偶。但是反過來看，天皇與朝廷的典章制度也的確在德川幕府的扶持下，得以從頹廢的戰國時代恢復，而且復辦各種重要的儀式，即位儀式便是一例。

新天皇即位後於同年底舉行的「大嘗祭」，是新天皇與歷代祖先、各方神祇進行「感應」、互相認知的重要儀式，理論上屬於即位儀式的一環，但這部分屬於天皇家獨自的宗教儀式，其隆重與莊嚴程度自然非同一般，因此與天皇以外的貴族和民眾無關。

不同於「大嘗祭」，天皇即位禮是對外公開的活動，但這個重要的典禮，除了從江戶前來參加的幕府要員外，實際上的參與者只有京都市民，或者經過京都來參觀的人。這些「觀眾」會用各種方式記錄當時的情況。

為什麼只有京都市民呢？這當然是因為天皇身在京都，而且幾乎終身都只待在那裡的緣故。另一方面，對於京都民眾來說，天皇就是他們千年不易的老領主，他們是天子腳下的特別子民。因此，在沒有電視、電腦和智慧型手機的古代，天皇的即位儀式場面和過程當然是屬於京都市民的獨家盛典，京都以外的日本人是沒有「福氣」到現場觀看的。

(2) 與民同樂的實況

是什麼時候開始，京都市民可以觀看天皇的即位儀式？其實早在平安時代，天皇的即位儀式便與民同樂。可是，如果要從相關史料，以及想由更多角度去了解當時京都民間的情況，江戶時代絕對是最佳的樣本。

明治維新以前的皇位繼承不以生死做為分界，中世紀以來的歷代天皇會像現代的平成天皇一樣，在自己生前便讓位給自己屬意的皇子。所以在理論上，天皇隨時都有換人的可能。

那麼，一旦天皇換人，究竟如何告知民眾呢？以江戶時代為例，當朝廷與幕府共同決定好讓位與即位的日子後，朝廷便會派人提前向管理京都的幕府駐京機構「京都所司代」（類似今天的警政署）通報，同時向管理京都各區市政民政單位「町」通傳一連串相關消息與指令。

目前，最早有系統地向「町」通報的史料，大約出現在十八世紀初。那些行政指令當然是與即位儀式有關的各種保安措施，特別是護送新天皇，以及隨行貴族行經路線上的安全檢查。其中以當時經常發生的火災事故問題最受重視，一旦在即位儀式當天的巡遊途中發生火災，引發的混亂將大大地傷害新天皇的威嚴。

除了提醒京都各區町民防範火警，另一種行政指令則是驅趕特定民眾，如社會階層上被公然歧視的「穢多」、「非人」，還有僧尼、老人、小孩和服喪中的人士，不過在各別例子裡，僧尼也會獲准在即位禮過後，在指定日子與一般百姓進入皇宮參觀。

其中，朝廷拒絕服喪中的百姓參加，是因為當時認為親人去世的人身上帶有污穢，是不吉利的「氣」。因此，除了不讓他們出現在天皇隊伍經過的地區，也不可進入京都市中心。

另外，天皇即位禮以及「大嘗祭」當日，市內的各種劇場和娛樂活動也必須停止，朝廷會通過「町役所」在儀式一兩日前，通告具體的中止和解禁時間。另外，朝廷也禁止京都市內各佛寺在當日敲鐘、舉辦法事和誦經。

禁止娛樂活動和佛寺敲鐘，當然是為了讓即位儀式的過程沒有任何雜音，讓百姓全神貫注於天皇即位儀式，從中深深地感受老領主的威嚴。

從以上各種規制來看，似乎很難說是「與民同樂」。當然，這只是其中一個面相。儀式結束後，便會具體地公告參觀細節，讓合乎資格的民眾參與。以一七四七年舉行的桃園天皇即位禮為例，符合資格的京都市民會分為男女兩隊合共三百人，各持派發的「入場券」，從兩個門口分別進入及離開京都皇宮。朝廷也會派人在各門口把守、檢查進出行列是否混入違規的人。

獲許進入皇宮參觀和觀禮的京民男女三百人，一般是二百位女性，一百位男性，歷次如是。雖然我們不知道為什麼按這個比例安排，但朝廷似乎對女百姓較為寬厚，除了容許較多女性參觀，還特別批准她們到屬於天皇私生活區域的寢宮紫宸殿，以及天皇妻室（女官）辦公的內侍所參觀。

隨著時代發展，天皇即位儀式當日，與前後幾天的開放事宜、官民參加章程等規定，日漸仔細與具體，例如幕末時代前夕的光格天皇即位儀式，便列出了當日參觀人數、進出門口、當日禁止進入皇宮的對象，以及即位儀式後的安排等。

天皇讓臣民百姓進入自己的皇宮，並且觀看自己的即位儀式，在古今中外都算是十分罕見的作法。基於這種相對開放輕鬆的官方態度，曾經有幸觀看天皇即位儀式和行列隊伍的人，自然會寫下觀察和感想，甚至出版成書或繪圖，在京都的書肆公開發售，如十八世紀出版的《御即位見聞私記》等。

這些書籍、繪圖的出版雖然出自民間，但由於是客觀見聞，有獨特的眼光視線，對史家了解、復原當時情況有莫大幫助。明治時代以後，政府通過大搞各種儀式，重建天皇權威，民間見聞更是重要的參考資料。可以說，昔日天皇的無心插柳，不止與民同樂，還意外地為後人提供了各種方便了解的途徑。

4 天皇的葬禮為什麼由佛教轉為神道儀式？

(1) 明治維新以前的天皇葬禮

舉行於一九八九年的昭和天皇葬禮，至今已經過了三十一年。當時國外大多沒有大量報導，華文世界的讀者應該沒有印象，更何況是在這之前的明治天皇和大正天皇的葬禮呢！因此，大家可能不知道，天皇的葬禮在明治維新前後，其實有很大的改變，接下來先看看明治維新以前的情況。

現今奈良、大阪地區的巨大古墳，一般人相信那是當地古代大王（豪族之長）們的墳墓。雖然考古學家挖出了不少文物，但由於文字資料少之又少，目前對當時的葬制詳情，仍處於研究階段。了解較多的時代是在大和王朝登場後，也就是佛教傳到日本後。

最早以佛教方式實施天皇葬禮，是在聖武天皇時代，自此直至幕末的孝明天皇為止，都以佛教儀式來執行。

一般而言，天皇駕崩後，朝廷會在宮內找一處空地建造臨時建築物，做為「殯宮」，用來安放天皇遺體，等待下葬日期定下。由於是一國之君，天皇的駕崩觸動全國上下，配合當時從中國傳入的王朝典制，天下需要更長的時間去悼念，即有所謂的「殯期」。因此，他的下葬日期並不是一天兩天後的事，在大和朝廷時代，「殯期」一般是一年左右，而天武天皇的「殯期」更長達兩年半。

雖然天皇已去，但不代表「殯期」期間，「殯宮」便是沒人管理的地方，剛好相反，「殯宮」的管理十分嚴格，投入了大量人力去維持和看護。例如奉獻祭品（稱為「供饌」），要有專人天天在「殯宮」內哭叫（稱為「舉哀」），以示哀痛；以及進行「奏誄」之儀，即向天皇誦讀哀思的悼文。

這些儀式伴隨著巨大費用和精力，因此到了奈良時代後期，陸續從簡；到了平安時代初期，上述參考中國特色而行的「舉哀」與「奏誄」也在不久後被廢除。同時，隨著天皇與朝廷越來越篤信佛教，葬禮的佛教味道越來越濃，薄葬的意識強烈。首先是「殯期」一律縮短至三十日左右，而原本的「舉哀」與「奏誄」也逐漸被佛僧誦經和燒香拜祭取代，從此成為定式。

(2) 天皇遺體的處理與葬地

天皇遺體的處理方法，即「葬法」，一般相信古墳時代是實行土葬，並且維持到大和朝廷時代。不過，同樣受到佛教影響，公元七世紀時的持統天皇首次由土葬改為火葬，在這之後，天皇的葬法絕大部分都是火葬，只有醍醐、村上兩位天皇，以及一千年後，幕末時期的孝明天皇選用土葬。

自從佛式葬禮和火葬成為定制後，已不再跟古墳時代一樣到處修建天皇陵寢。而火葬在京都附近的寺院進行，選擇寺院的方式參考陰陽五行，按照當年吉凶，選定位於吉利方位的寺院。不過自室町時代開始，火葬和供奉天皇的地點都選擇在京都東南的泉涌寺進行，直至幕末。

(3) 明治維新前後的葬制改革

前文提到孝明天皇的葬制復行土葬，但他的葬禮仍然以佛教儀式進行。可是，這也是天皇佛教葬禮的最後一例。到了明治維新後的一八七〇年，天皇下令廢止佛教葬禮，他自己以及今後天皇與皇族的葬禮，均改行神道儀式。

改行神道儀式的背景，與維新政府的意識形態、政治需要有關。江戶時代中期開始，近世神道和儒家思想強調天皇是日本固有的存在，不應使用外來宗教的葬禮儀式，要進行「轉型正義」和「本土化」。因此，銳意重建天皇權威的維新政府繼承了這種思想，讓天皇和皇族的葬禮回歸日本固有的神道方式。

政府下令皇族改行神道葬禮後，英照皇太后（明治天皇母）大喪和明治天皇大喪莫不依循，但由於沒有實際經驗和古法可供參考，這兩次大喪的葬儀、作法稱呼、具體進行程序、相關祭祀，均屬試行摸索期。維新後的皇家葬制用了近半個世紀時間，才明訂章程，在一九二六年發布《皇室喪儀令》。

與《皇室喪儀令》極其相關的《皇室服喪令》則在較早的一九〇九年公布。原本《皇室服喪令》只用來規定皇族，在天皇、皇后、太后死去後如何服喪，但到了大正天皇死去（一九二六年）時，服喪的對象擴大到所有日本國民，以強化國家團結和忠君尊皇的國民意識，國民也要按規定服喪一年，規範其行動、服飾，以示哀悼。

由此可見，明治以後的天皇喪禮，一方面在儀式、程序上轉行神道形式，但對外的規範則帶著濃厚的國家主義，將神道儀式擴大成制度，而且在大正、昭和時代滲透到國民生活之中。

這就是所謂的「國家神道」。天皇的生死與祭祀與政治無縫接合（即「政祭一致」原則），一方面聖化天皇，當權者則利用天皇的神聖性教化國民，使「昧於國情」的國民能夠展現對國家的忠誠和熱愛，做出貢獻和犧牲。因此，明治維新後的葬制改革不只改變了天皇喪事的形式，更值得關注的是統馭國民的政治意圖。

5 天皇的日常飲食是怎樣的呢？

(1) 早餐前的準備

早餐是每個人起床後吸收營養、補充元氣的重要一餐。古代的天皇一般都在早上五、六點起床，晚上十點左右睡覺。以平安時代和江戶時代的紀錄來看，天皇起床後，首先是洗手洗臉，接下來還需要洗澡，稱為「御湯」，另外也有稱為「風呂」的蒸氣催汗洗法，類似今日的桑拿浴。

一般來說，天皇入浴是在早上八點左右，洗澡時當然有侍候天皇的女官從旁協助。不過，古代天皇（還有貴族們）洗澡時是不會脫光衣服的，會穿著薄薄的「御湯帷子」衣裳入浴。順帶一提，這個「御湯帷子」便是現在

「浴衣」的前身。

洗澡完之後，天皇還不可以用餐，因為還要整理儀容，而且依照情況需要，每隔兩三天便要做一次染齒，即「齒黑」。「齒黑」是什麼時候開始的裝扮，已不可考。但由於考古學家在公元三世紀中後期的古墳時代遺跡裡，找到類似「齒黑」痕跡的人齒樣本，因此一般相信「齒黑」是古代便存在的習俗，用來保護牙齒，到後來成為了分辨貴族與平民的身分象徵。

整理好身體儀容，天皇還要找專人為自己洗刷雙手，稱為「御手水」，弄得乾乾淨淨，為的是準備早上最重要的事——四方拜。四方拜的「四方」，簡單來說就是皇宮的四方，寓意國土的四周，還有朝伊勢神宮的方向進行遙拜，以示向祖宗行拜禮，這個儀式是天皇每天的「國務」，原則上風雨不改。

(2) 天皇的早餐

早上的「任務」完成後，天皇終於可以到日常生活的空間「常御殿」享用早餐，時間已經來到早上的十至十一點。這頓早餐一般稱為「大床子御膳」。前菜一般是「餅」（一般稱為「御朝之餅」），通常有六塊，放在一個稱為「三方」木製檯盤上，然後還有其他主菜，有菜有肉。中世紀以後，一般每頓主菜裡都有一條長三十公分的鯛魚。

由於天皇長期奉行佛教思想，所以自十世紀以來，他與京都的貴族們主要進食的肉類是魚肉和鳥肉，而野豬、鹿等獸肉則要到明治時代以後才得以解禁。因此，在普遍不進食獸肉的當時，魚類和雞便成為當時天皇和貴族補充蛋白質和脂肪的主要來源。另外，在一些紀錄裡，也看到天皇和貴族會飲用稱為「穌」、「酪」的乳製品，同樣是天皇與貴族吸收蛋白質和脂肪的副食品。但是，隨著開始不吃肉，這些與牛相關的乳製品最終沒有成為御用食品。

話說回來，天皇進膳的時候，一般都有多名女官來陪食和侍候，還有專人先試吃試毒，以保安全。除了魚類之外，還有數十碟小菜。天皇食用鯛魚時，當然不會自己挑魚刺，而是由侍候左右的女官處理，她們會用訓練有素的技巧在不破壞魚的形態下將刺全數拔出（陪食的女官在江戶時代統稱為「御末」）。

當然，天皇是吃不完這數十碟御膳的，所以剩下來的都會留給陪食的「御末」，甚至天皇用過的餐具也會送給他們，當作賞賜。

(3) 天皇的晚餐

我們現代人一般是一天三餐，但古代天皇在不同時代進食兩餐至三餐不等。晚餐在傍晚五點左右開始。換言之，早上十一點至傍晚五點，是天皇處理政務、學習的活動時間。晚餐菜色沒有指定，唯獨不可缺少日本酒。從歷史資料裡可以看到，不少天皇都是愛酒之人，明治天皇便是其中一位，可以說是酒不離手。

明治維新後，伴隨著西化運動，天皇的飲食自此由「和式」轉為「西式」，直至現在。所用的餐具、餐桌也改用西式。明治天皇時的早餐一般是拿鐵配上麵包，午膳和晚餐則主行法式風格。至於酒方面，香檳和紅酒成為這位天皇不離手的新寵。不過，自小嗜酒如命的他，身體日漸受到影響，在身邊的侍醫力勸下，才減至每日一杯左右。不過當國務繁重，他多喝幾杯來減壓也時有所見。

說了這麼多，究竟天皇一頓御膳平均要多少錢呢？很遺憾的是，這方面沒有系統性的記載。但以江戶時代的天皇膳食費為例，食材大多由朝廷自己負責分配，但是唯獨天皇食用的白米，是由幕府專責提供，而且都是最上等可口的白米，每年約供給近四千公斤。

供應天皇的食物一般是從王家莊園上貢的食材。這些莊園大多位於京畿附近，主要集中在今天的兵庫縣和京都府一帶。上述的前菜「御餅」到了戰國時代以後，便由京都北山的和菓子商人川端道喜提供，也就是所謂的御用商人。

這些負責提供天皇食材的京都御用商人到明治維新時，大約有二十九或三十家。明治維新後，由於天皇遷居東京，這些商人大部分都失去「御用商人」的資格。現時在京都，如果有老店自稱「宮內廳御用達」、「皇室御用達」，有些確實曾經有過關係，但這些「文宣」嚴格上都只是自稱，已經與現在的宮內廳和天皇毫無關係了。

6 古代天皇的經濟來源為何？

(1) 王之財產

天皇的財產、收入來源，與天皇的權力有著密不可分的關係。在大和朝廷時代，大王（後來的天皇）以諸豪族長的盟主兼最強豪族的身分實行統治。據目前的研究顯示，那時候的大王（其他豪族也類似）擁有直轄地，稱為「屯倉」、「御廚」等。另外，大王當然有直屬的「部曲民」，當中有稱為「名代」、「子代」的民眾。他們負責提供勞動力、還要納貢，這些土地和人民便是大王們的基本收入來源。

到了公元七世紀，大王改稱為天皇，仿傚唐帝國而導入的律令制度隨之實行，王家領地也進入制度化管理的時代。那時候的「御領」主要由宮內省下的「大炊寮」和「內膳司」管理。宮內省便是天皇的家政機關，輾轉延續至今。

當時與唐制度一起導入的還有儒家思想，著名的句子：「普天之下，莫非王土，率土之濱，莫非王臣。」也是天皇堅信的觀念。因此，國家的山澤資源、田貢租稅等納貢品，當然皆為天皇財產。那時候的國家稅收則由中務省的「內藏寮」和「縫殿寮」兩個部署負責徵收。

後來，律令制度行之失效，九世紀的平安時代前期改行莊園制，國內土地的租稅轉變為由貴族為領主的莊園貢稅。簡單地說，「莊園制」便是將國家土地分割，交到貴族、寺社手上管理，而莊園領主則有責任繳納朝廷指定的租稅額，來維持朝廷運作。

在這些莊園領主中，最高位的便是天皇和天皇家的家長——「院」，即太上天皇（以下簡稱為「上皇」）。不過，為免被世人非議一國之君斂財自肥，有失君德，天皇和上皇習慣將這些莊園中的大部分轉為皇室寺院名義下的莊園，做為供神禮佛的貢地，由上皇來管理，因此這些莊園在當時一般被稱為「院領」。上皇也會把遺產分給自己的妻妾或女兒代管，期待她們日後將遺產還給上皇屬意，但又未成人的後繼人。這些暫時轉給妃子、公主管理的領地，被稱為「女院領」。當然，天皇、上皇的收入不只有田產。在莊園行盛行的時代，古來的國家祭祀活動繼續執行，相關的祭祀供品和費用當然從官、私兩種莊園裡徵收。而負責為皇室莊園調配物資的「供御人」，受惠於為天皇辦差之便，慢慢形成了後來稱為「座」的特權商人，為天皇和上皇提供生活所需、享樂物資。

到了十三世紀，鎌倉幕府和室町幕府相繼成立，武士強搶貴族莊園的問題十分猖獗，但兩個幕府的將軍均以「勤王」做為大義名分，積極地保護皇室莊園的安全。但結果，國家的租稅徵收權便落入幕府手上，皇家的經濟能力大幅下降，顯然不足以獨自負擔執行國家事務和祭祀所需的資金。在室町時代，天皇要進行即位、祭祀的儀式時，基本上都要靠幕府全資支付。

(2) 貧困的天皇

正所謂「唇亡齒寒」，天皇與朝廷全面依靠室町幕府來支持，幕府的穩定顯得尤其重要。但當幕府經歷了一四六七年的「應仁・文明之亂」，元氣大傷，對天皇與朝廷的支持便顯得有心無力了。當時天皇的即位典禮、葬禮，都因缺錢而無法如期進行，以至於後奈良天皇與後柏原天皇兩代，無法按祖制讓位給新皇，鬱悶地死在皇座之上。

為求活路，戰國時代的天皇曾一度依靠各地新崛起的「戰國大名」索求官職的獻金來維持生計。雖然天皇對形同賣官鬻爵的行為多次表達不情願，但幕府默許，朝廷又需要經費維持國務運作，加上換來的政治獻金實在可觀，諸多利誘使這樣的行為持續了四十年左右。

織田信長於一五七〇年代掌握京都，代替室町幕府管治，京畿一帶局勢回穩，皇室財政終於回春。在豐臣政權時代，正親町天皇（後柏原天皇之子）終於獲得資助，重啟讓位大典，續行祖制。而且，豐臣政權繼承織田政權保護皇室權威的方針，使各種皇室領地和貴族領地得以回歸。到了德川幕府時代，大部分儀式和費用繼續獲得資助，皇室與貴族迎來了最安定的時期。

幕府沿襲織豐時代以來，出資修護天皇皇宮和太上天皇居住的仙洞御所，皇室與朝廷貴族獲幕府保證的領地總額亦超越了織田、豐臣時代，約為十二萬石，可媲美當時一個中級藩。

7 近代天皇的經濟來源為何？

(1) 現代天皇的零用錢

第二戰世界大戰後，新的國家憲法正式實施，昭和天皇與皇室的身分定位都大大改變，由萬民崇拜的「現御神」變為守護和平的國家象徵。也因為是國家的象徵，日本政府在獲得美國默許的情況下，仍然讓天皇與皇室出席、參加官方活動。為此，他們的活動經費自然成為國家開支之一，並按照《皇室經濟法》管理，這筆經費就是「皇室費」，也即是天皇家族的「零花錢」和「生活費」。

具體而言，「皇室費」還可以分為「宮廷費」、「內廷費」和「皇族費」

三大種類。「宮廷費」是天皇與皇室參加官方活動時的費用，如國宴和地方訪問等。「內廷費」與「皇族費」名義上屬於私人用途，如支付負責天皇飲食的廚師工資、私人性質旅行等。總之，「內廷費」是天皇家族，即天皇、皇后、皇子、公主的生活開支，但是按照每個成員來設預算，而不是以家族為單位。至於「皇族費」則是核心家族以外，仍然有皇族身分的天皇親族，如弟妹、叔叔的私人費用，也是按人計算的。

另外，除了天皇與皇室直接使用的「皇室費」外，其實還有兩項相關的支出，一個是「皇家執事」宮內廳的各種支出，即「宮內廳費」；另一個則是「皇宮警察本部費」，「皇宮警察本部」的支出，那是專門負責保護天皇與皇室的警視廳特別分局，在天皇出巡等場合中，負責保安。

「皇室費」的來源主要來自國家稅收，而且由宮內廳全權負責和管理。雖然宮內廳會向日本國民，即國家納稅人公開「皇室費」的金額和用途，但國民無法過問是否合理。同時天皇與皇室成員也不用交稅，不用支付各種國民保險。天皇與皇室變相擁有特權，只接受供養，而不用負擔。這也是為什麼戰後到現在，有部分團體質疑天皇與皇室的生活費是公器私用，所以他們仍是「特權階級」。

那麼，天皇的「皇室費」是多少錢呢？宮廷費的預算是按照每年的日本政府收入，和前一年對下一年的活動計畫來決定。據宮內廳的數字，二〇一八年度宮廷費為九十一億七千一百四十五萬日元，皇族費是三千零五十萬日元，內廷費則是三億二千四百萬日元。三種「皇室費」的金額每年都在增加，例如與二〇〇三年相比，增加了近三十億。除了物價指數和不定期的臨時支出增加外，天皇與皇室的活動比從前更頻繁，在公眾場合的曝光率越來越高，意味著天皇與皇室比以前更積極參與公益、國家活動。

(2) 現代天皇的財產

與「皇室費」一樣，天皇家族的財產也分為「公」、「私」兩個部分。「公的財產」是指天皇向國家借用，由宮內廳管理的財產，例如不少讀者都曾經參觀過的京都御所和東京皇居，還有分布全國各處的別墅，提供皇室食材的牧場、農場。

對！大家沒有看錯，不僅是用作觀光的京都御所，天皇家族居住的東京皇居其實也是借來的「公的財產」，不是天皇的私財。簡單來說，這些住宅、建築物都是體現天皇是國家象徵的必須「道具」，由國家出面提供和借出是理所當然的。

既然如此，天皇有沒有私財呢？當然是「有」！例如上述的「內廷費」用剩的金額會全數留作天皇和皇室的積蓄。這些歷年剩下來的積蓄有一大部分會存入銀行，或者用於購買股票和債券。另外，以今年（二〇一九年）退位的平成天皇為例，他的私財還包括父親昭和天皇過世後留下來約時值二十億的遺產（不過，那時候還扣除了五千萬做為遺產稅，後來以天皇名義開設了基金），以及他當年還是皇太子時的「東宮預算」剩餘金。這些私財的財務情況，不會向公眾公開，只有宮內廳所屬的「內廷會計主管」才會知道。

不過，這裡其實存在一個矛盾地帶。那就是在新憲法的第八十八條，明訂天皇與皇室均不得擁有私產，即「所有皇室財產均屬國家資產」。這個規定是要反省二戰時，天皇與皇室在《舊．帝國憲法》的保護下，坐擁巨額資金和全國各地的山澤資源，並在軍、政兩方面握有影響力，左右政府決策。

但是，憲法頒布之後沒有人過問這條是否確實執行，結果到了昭和天皇駕崩後，才引起了社會關注。當時的日本政府以「資產不過度膨脹，而且不會集中於某一個皇室成員身上」為條件，默許了天皇與皇室擁有私人資產。

綠燈一開，天皇與皇室只要小心行事，便可以在一定限制下運用私財。當天皇想進行投資時，宮內廳還會為天皇招聘顧問。這些顧問雖然不用公開姓名，但據曾經意外曝光的資料來說，一般都是國家銀行或大型銀行的前行長或總監。既然有投資，天皇的私有財產當然會隨著收益，有加有減了。當然，這些皇室私事均不會向國民公布。

第五章

天皇的形象

1 為什麼古代繪畫中的天皇面容都被遮掩了？

(1) 被打「馬賽克」的古代天皇

想知道天皇的樣貌、真面目，現在已不是什麼難事了，打開電視或利用網路搜尋他們的圖片便可。隨著時代發展，尤其當昭和天皇在二戰後，向國民宣布「人的宣言」，天皇與及日本皇室漸漸放低身段，天皇的形象不再像戰前那樣遙不可及、不可直視，反而越來越受到國民和國外媒體關注。另一方面，隨著政府解禁，媒體資訊爆炸起飛，天皇的影像、照片都公開了，不像戰前那樣，會有不當或肆意使用天皇影像的問題，進而犯了「不敬罪」。

請各位想像一下：古代人（主要是公元八世紀至十二世紀的奈良、平安時代）如何在藝術作品中描繪天皇的樣子呢？

大家是否知道，曾經那麼被尊崇、敬畏的天皇，在古代繪畫作品之中是以十分特別的方式出現——他們總是「猶抱琵琶半遮面」！

對！就是在這些肖像畫以外的繪畫作品，如繪卷畫、屏風畫等，天皇雖然以主角或主角之一出現，但最應特寫的部位——臉，卻被刻意遮蔽。他們不是被乘坐的轎子簾子遮住，就是臉剛好被其他物品擋住，又或者刻意背對畫面。總之，畫師似乎有意故弄玄虛，為天皇製造神祕感，吸引看畫者的注意。

這個現象持續了數百年之久，彷佛是規矩、慣例。可是，做為一國之君，天皇是畫作中的「當然主演」，絕不可能是配角，甚至按常識來說，哪怕是帶點誇張、美化，其長相容態也應該獲得特寫才對，所以這種刻意的遮掩究竟是怎麼回事？

(2)「猶抱琵琶半遮面」的思想

各位讀者可能會猜想，很可能是因為畫師出身太低，根本沒辦法親見天皇，所以才想到這種無奈的方法來敷衍了事。然而，既然當時的一般百姓都不會知道各代天皇的樣子，也沒有機會經常見到天皇。而且，即使百姓對天皇評頭論足，也不會傳到禁宮裡的天皇耳中，更何況這些畫作也不會公諸於眾。那麼，就算畫師將天皇畫上大眾臉，或者憑想像去畫，也不會有大問題才對。歷來美術史家反覆分析背後的原因和這種表現方式的意含。簡單來說，有兩大因素。

第一，這種刻意不繪畫君主長相的方式，在中國王朝（特別是唐代）和古代朝鮮的大型繪畫作品中也看得到，而且不止君主，王族或高貴出身的人也是如此。由此可以推斷，古代日本很可能受到唐文化的影響，在作品中刻意遮蔽天皇的臉部。

這麼做是為了表示對天皇的敬畏。而通過畫中露臉的貴族、神官、僧侶，相較之下，被刻意遮臉的天皇顯得與眾不同，更能抬高其權威。

另外，古代日本貴族社會相信，如果畫作中的容貌與本人太相似，當有不滿的人對畫作塗鴉、指罵畫中的主角，成為一種詛咒，最終很可能禍及本人。因此，到了平安時代以後，不止天皇，貴族除了私用外，也開始不喜歡在對外公開的繪畫中被畫得太像。

第二，奈良時代早期的神道相關作品，如一些神社的緣起繪卷，畫師描繪天照大神或其他本地神祇時，同樣刻意遮擋神明的容態長相。因為在日本神話故事裡，對神祇的樣子沒有統一的描述，同時神道也主張神祇是無相無形，人們只能通過種種不可解釋的現象去感覺、察知其存在和意志，而不能目視祂們。因此，畫師即使不能不在宗教畫作中描繪神祇，但也的確不知道應該怎麼畫。於是，陷入兩難的畫師，便刻意遮住祂們的容貌。久而久之，這種處理手法擴及描繪天皇的作品，一直到幕末時代才完全解禁。而天皇是否一直沒有自己的自畫像呢？也不是，自十世紀初的白河天皇和鳥羽天皇父子以後，歷代天皇開始找人繪畫自己的肖像畫，但僅作私用，又或者是天皇的子女在父皇去世後，命畫師畫其肖像，供憑弔之用。另外，現時負責皇宮事務的宮內廳也保存了中世紀以後天皇的肖像畫，稱為「御影」，但基本上是千篇一律的大眾臉，很難想像是在天皇本人面前畫的，恐怕只是為了紀念天皇們而追製的作品而已。

而明治維新後，天皇的相貌成為近代日本的象徵之一，政府對於天皇在繪畫、照片中的長相尤其重視，力求突顯其「君威」和「神聖」，與古代的觀念當然無法相提並論。

2 為什麼天照大神時為男身，時為女身？

(1) 天照大神的性別

相信有不少讀者去過日本三重縣伊勢市的伊勢神宮（內宮和外宮），也知道那裡供奉的是傳說中的創造天地之神——天照大神。

天照大神在後來又被尊稱為「天照皇大神」，如前文所言，祂是開創天地的至尊，地位凌駕所有其他神祇，同時也是天皇家的祖先神。因此，伴隨著神道的發展，天照大神的故事越來越普及，成為備受知識分子以及百姓敬仰的「皇祖神」。就連我們外國人也耳聞過祂的存在和故事。

不過，由於日本的神道不像外國宗教一樣設置雕像，供人膜拜，而是主張神祇無相無形。因此神道裡的「八百萬神祇」究竟長什麼樣子，一直都只能靠文字資料的描述來想像。也因為這個原因，各神祇在歷代不同的美術作品裡，樣子都不太一樣。

即使是尊貴的天照大神，在各種畫作裡的樣子也是千樣萬種，其中一個值得關注的問題，就是天照大神的性別。說到神祇的性別，放眼世界各宗教，有明顯的男性神、女性神，也有性別難斷、不分性別的神祇。那麼，天照大神究竟是哪一種呢？

其實，在古今諸多關於天照大神的美術品，如繪畫、雕像之中，天照大神既曾被塑造成童子，也曾以威風凜凜的男神形像示人。另外，有一些神道家主張天照大神是兩性兼備神。到了明治時代以後，天照大神被描繪成女神形象登場的作品越來越多，「天照大神等於女神」的形象也逐漸成型。

(2) 女神天照大神與近代日本

天照大神化為男神形象的原因，與伊勢神宮的發展有很大關係。現在看來，伊勢神宮是「香火鼎盛」的宗教聖地，但其實這個盛況是到了江戶時代才出現的。在那時重男輕女的社會風氣下，男性神的形象慢慢為人接受。直到幕末為止，天照大神以男性神形象為本的畫作陸續出現，與仍屬主流的女神形象一起流傳。

那麼，天照大神被定型為女神的原因又是什麼呢？前面提到了古代一般認可天照大神是女神，同時兼容男神的形象，而到了明治維新後尊崇神道，至二戰為止，有意圖地通過政策與法律，貶抑女性的地位。既然如此，不是應該將天照大神描繪成男神，才更顯得「政治正確」嗎？

天照大神定型為女神的最盛時期，是二戰時的昭和時代，當時日本政府為了強化國家對外擴張、侵略的正義，除了大力鼓吹出現在古代神話裡的「神功皇后征韓傳說」外，也借用古代的歷史書如《日本書紀》等的記載，將天照大神化為女神，與神功皇后的故事有所牽涉。而且那時代的「女」天照大神，並不是以溫柔、高貴的典型女神形象示人，而是男性打扮，又手執武器，以威風凜凜的女戰神樣貌出現於各種教科書、繪畫作品中，完美地將神話女神與軍國主義融合在一起。

(3) 天照大神與天皇

以上可見，天照大神受到日本上下的敬仰，其過程其實迂迴曲折。在古代的神祇信仰裡，天照大神並不是俗世之神，不太理會祂「創造」的神國日本，也不像其他神祇會為百姓民眾求福請益。在古代神話故事裡，祂甚至會突然出現，以各種方式加害國家與天皇，要求對方崇拜和祭祀。

加上如前文所示，天照大神原本是天皇家的祖先神，而不是所有日本人的祖先神。祭祀也只限於天皇與王族，與其他階層處於絕緣狀態，當然也不曾稀罕他們的崇敬與祭祀。

因此，長期以來，天照大神在天皇以外的日本人心目中，是一個極不明晰的存在。著名的平安時代貴族日記《更級日記》裡，主人公便問：「天照大神究竟是活在哪裡的神佛？」由此可見，天照大神的信仰本來便具有強烈封閉性。

這個現象到了什麼時候才得以改變呢？祭祀天照大神的伊勢神宮，早在鎌倉時代開始，隨著天皇家衰落，其勢力和收入也受到了影響，不得不廣開財源。而且因長期缺乏宣傳，那時候的伊勢神宮較少人前往參拜，收入來源更顯不足。

於是，為了圖存，伊勢神宮在室町時代中期開始派稱為「御師」的神官到各地宣傳，勸人捐獻。為了加強宣傳，原本不外傳的天照大神的故事也成為了宣傳工具。而且，為了讓更多人知道天照大神的偉大，神宮也決定接受天皇以外的各階層參拜和供奉。也因為這個原因，天照大神由「任性」、「自我」的恐怖之神，變成了與其他低一等的神祇一樣，是為民請命，傾聽百姓祈願的入世之神。這個轉化使得江戶時代的神道思想得以廣傳，成為影響近世日本國家思想成型的基礎。

3 從江戶時代的天皇肖像畫，看到怎樣的天皇觀？

(1) 過度平淡的肖像畫

放眼古今中外，上至神祇、帝皇，下至著名人物，肖像畫都是我們揣想其外貌的參考依據。然而，日本的天皇肖像畫卻不盡如此。

自古代至中世紀為止，歷任天皇的肖像畫，能說有個人特色的作品，屈指可數，例如改變天皇與日本史的天武天皇、桓武天皇、後醍醐天皇等，其肖像畫滲透了同時代中國畫風。但大部分的天皇畫作可謂千篇一律，都是差不多的表情，差不多裝扮。

與歐洲、中國不同，天皇的畫作並沒有隨時代進步而越來越寫實，一直要到明治維新改走西洋風格後，才有了根本性的改變。這是為什麼呢？

先說明，除了傳說中的天皇和古代的大王外，大部分天皇都有肖像畫，稱為「御影」，現存最早的肖像畫始於十世紀的鳥羽天皇。

而畫師的身分也沒有硬性指定，以江戶時代的天皇畫為例，繪者有專業的繪師，也有皇族出身善於繪畫的貴族，也有出身已不可考的繪師。

縱然繪師不盡相同，也不是來自同一畫派，但是江戶時代的天皇肖像畫卻沒有明顯的分別，也沒有象徵王權、威嚴的神器在其中，只是一幅幅平淡、姿態千篇一律的肖像畫。與中國、歐洲君王相比，極為內斂。

另外，各代天皇肖像畫完成後，並不是全都獲得統一管理。在江戶時代以前，大多數畫作會在天皇駕崩後，安放在相關寺院中；江戶時代以後，大多數畫作則統一存放於京都泉涌寺，有些則放在舊時的宮內廳倉庫裡。泉涌寺自鎌倉時代開始，是多位天皇、太上天皇、皇子們死後安放靈位的皇家寺院，自然是存放的理想地點。接下來，我們便以泉涌寺的畫作為例，談談天皇肖像畫如何顯示當時人對天皇的理解和規定。

(2) 天皇肖像畫的共通點

天皇的權威與權力時有起伏，到了太平安定的江戶時代，天皇在政治上的威信低落，時人對其印象也越來越僵化，這些固定印象反映在肖像畫裡。

第一，沒有女天皇的肖像畫。江戶時代曾出現兩任女天皇——明正天皇與後櫻町天皇。如今並沒看到她們的肖像畫，這肯定不是因為災難而遺失，而是一開始便沒有。

為什麼「歧視」她們二人呢？那是因為她們的即位是政治考慮下的安排，完全出於偶然，一些皇家、天皇執行的祭祀儀式，按規定還是必須由男性天皇執行。另外，女性生理期也是「元凶」之一。

在古代日本，月經被視為污穢不堪的象徵之一，即使天皇也無法阻止這個生理現象。「不完美」的身體限制了她們做為天皇的「完整性」，朝廷和幕府也沒有將她們當作「完整」的天皇來看待。她們繼位之後，沒有真正執政、履行天皇之責，而是通過當時的關白，以「攝政」的身分攝理朝廷時務。

第二，因為歷代天皇肖像畫中沒有女帝的先例，創作自是困難，而且，男性畫師無法直接觀察女天皇，所以解決方式就是乾脆不畫。

而男天皇的肖像畫有什麼共通點呢？最明顯的是——不留鬍子。中世紀至戰國時代為止的天皇肖像畫，還看得到部分天皇蓄鬍，但江戶時代肖像畫裡的天皇是一律沒有鬍子的。雖然沒有規定天皇必須留鬍子，而且外國也有不蓄鬍的君王，但在大多數文明體中，鬍鬚是最明顯的男性特徵，是強調威嚴、權力的標誌。所以江戶時代的天皇不留鬍子，是較罕見的現象。

不只是天皇，同時代德川幕府將軍的肖像畫，除了頭三代將軍家康、秀忠和家光外，以後的將軍均沒有留鬍鬚。這又是為什麼？

簡單而言，江戶時代初期，大約是一六六〇年代，時值四代將軍德川家綱，幕府頻頻下令禁止各階層的男性留鬍子，這是因為當時幕府認為鬍鬚代表蠻勇、粗魯，想通過禁止蓄鬍，壓抑社會的暴戾風氣。

結果，天皇與將軍都受到這個規範的影響，起碼在肖像畫裡貫徹了這個宗旨。一直到明治天皇，才重新留起鬍鬚。

以上可見，江戶時代的天皇肖像畫雖然沒有中國、歐洲帝皇那些強調權威的表現手法，也沒有用金碧輝煌的顏料來凸顯其氣勢。但作品活生生地反映了當時的天皇觀，也讓我們有機會了解當時的社會風尚與意識表象。

4 明治天皇的肖像畫和照片有什麼祕密？

(1) 不愛拍照的明治天皇

本書第一部談到明治天皇在天皇史中的創舉，他是數百年來第一位看到大海的天皇，是第一位與外國人見面聚餐的天皇。除此之外，他還是第一位拍照、成為西洋畫主角的天皇。

我們現在能輕易地通過歷史書籍和網路，看到這位傳奇天皇的真面目。與從前的天皇肖像畫相比，明治天皇在照片和油畫中顯得更加寫實。不過，這些傳神作品的背後其實存在兩個祕密。

第一個祕密是，天皇其實不喜歡拍照，對肖像畫也沒有太多興趣，這明確記錄在官方記事裡。除了天皇個人喜惡外，那時日本人仍然覺得天皇是神，不應該也不需要留下真容；坊間也謠傳西洋人的機器有問題，拍照的閃光燈會攝走人的靈魂云云。

無論如何，明治天皇在維新成功後的確進行了兩次拍照。第一次是在一八七二年，照片裡是年輕的天皇，穿著傳統和服禮裝。這張照片被用於宣傳，證明天皇的確領導著新政府，帶領國家走向新時代。第二次在一八七三年，是為了配合政府向全國頒布徵兵令，強調天皇是國家軍隊的最高總帥和指揮。這次天皇穿上了西式軍服，配有西式佩劍，坐在洋式椅子上，旁邊茶几上放了法式元帥使用的軍帽，表現出天皇帶頭走向西化的決心，所以打扮也與西方君王看齊。與前一年的和式照片比較，第二次拍攝的心思和想表達的訊息，明顯比較多。

雖然如此，但天皇拍照不是公開的活動。當時政府並沒有向外公布拍攝目的，一般相信是受到前一年在美國完成考察回國的岩倉具視的影響。明治政府也沒有公布拍攝這兩張照片的確切日期，更沒有即時公開和發放。

至於負責這兩次拍攝的攝影師是誰，倒是留下了紀錄，都是由內田九一拍攝。他是長崎出身，在維新以前已是具有名氣的攝影師，更曾拍攝幕府軍隊。他為天皇拍攝照片時，已經在淺草開設了攝影館。他獲政府任命為天皇的攝影師，還為英照皇太后和昭憲皇后拍攝照片，堪稱為初代皇家御用攝影師。

天皇照片的首要用途不是在國內發放，而是做為禮物送給當時的駐日外國大使。換句話說，是為了讓外國對天皇留下印象。說得更直接一點，這是明治政府為天皇而設的宣傳廣告計畫。

(2) 半複製半想像的二次創作——御真影

前文提到天皇不喜歡被拍攝和被畫，但我們現在看到了各式各樣、不同時期的明治天皇油畫和照片，又是怎麼一回事呢？難道天皇「口嫌身正直」嗎？這就是接下來的第二個祕密了。

除了上述兩次拍照由天皇親自出席，此後完成的照片和畫作，他一次也沒有參與。也就是說，後來完成的畫作都不是在天皇面前繪製的，是政府僱用畫師，根據上述的真實照片，尤其以一八七三年的西服照片為基礎，配合畫師的想像力製成，這些肖像畫在當時被稱為「御真影」。

一八七三年以後，所有「御真影」都是半複製半想像的二次創作。其實只要我們細心一看，也會發現這些作品裡的天皇大多是同一個角度、同一個表情，只是容態隨著時代變化而有所調整。

還有一點值得我們留意，自一八七三年後，明治政府一律禁止民間複製天皇、皇后和皇太后的照片和畫作，更曾有攝影師因此被罰款。這是因為政府擔心民間會出現濫用、污衊天皇肖像等犯上的不敬行為，加上明治天皇的樣子在當時還沒有普及，政府為了確保不會被誤傳，於是對此進行嚴格的管理。

官方製作的「御真影」，當時只可以在宮中、駐外國使館內張貼，直到一八九〇年代，隨著《帝國憲法》推行，才大量向民間宣傳。而民眾要一睹天皇的風采，除了等待天皇到各地出巡（「行幸」）時，遠距離瞻仰，便只能等待政府發布官方的「複製品」了。

基於同一道理，我們能想到為什麼明治日本以及後來的貨幣，不會像外國那樣鑄印國王、女王的頭像和照片。因為這對日本人來說是有辱神聖天皇的行為。一旦鑄印天皇的頭像和照片到貨幣上，塗鴉等不敬行為就越來越難杜絕和追查了。不只是明治天皇時如此，之後的大正天皇以至今天的平成天皇，同樣貫徹這個方針。

明治政府突然為天皇拍照，是為了進行「天皇公關外交」，向全世界介紹他們新國家的青年君主。隨著時代發展，日本政府進一步強化對天皇和皇室的神化工作，使天皇「御真影」的用途日益變得廣泛，但直到二戰戰敗，實行新憲法，昭和天皇宣布「人的宣言」為止，天皇的「御真影」都是政府用來維繫、團結民心的政教工具。

5 古代天皇怎樣讓人感知他們的存在？

(1) 天皇刷存在感的機會——鳴物禁止令

江戶時代的天皇除了最初期的後水尾天皇，曾到二條城與第三代將軍德川家光會面和遊玩外，其他天皇都不會離開皇宮和京都。換句話說，那時候的天皇基本上不怎麼跟外界接觸。那麼，江戶時代的日本人，包括黎民百姓，如何「察覺」天皇的存在呢？有賴一個重要的時機。

江戶時代存在一個制度名為「鳴物禁止令」。所謂「鳴物」就是指奏樂、歌唱、舞蹈等發出的吵鬧聲響，甚至包括土木工程。這個禁止一切活動聲響的命令，每逢德川將軍和天皇、上皇死去時便生效，而且範圍廣達全國，有效期大約為三十至五十日。

不過具體來說，天皇、上皇和將軍死去的話，在京都的禁止令大約維持五十日左右，而在江戶，天皇的鳴物禁止期一般只維持五日，而將軍死去的話卻是五十日。可以說，江戶時代的德川將軍在當時京都人的心目中幾乎與天皇、上皇同等，而江戶人對天皇的敬意只屬一般，甚至低於將軍。

但是，到了幕末時代卻出現了例外的境況。當時，支持與幕府合作的孝明天皇急病而去後，幕府為了維繫人心，彰顯幕府也是尊王的立場，宣布江戶進行長達一百天的「鳴物禁止令」，歷來最長，甚至比歷代將軍都更長。

總的來說，除了幕末的孝明天皇外，「鳴物禁止令」是天皇在江戶時代「刷存在感」的最重要時刻，但主要還是針對京都與江戶兩地，其他地方則不太受影響。

(2) 天皇唯一緊握的大權——更改年號

嚴格來說，天皇沒有那麼可憐，不是只能等到自己或父皇死去，民眾才知道他們的存在。還有一個歷史更悠久，也一樣是間接的方式，能讓國民感知到天皇，那就是「更改年號」。

自大寶律令成立（公元七〇一年），並且制定第一個年號「大寶」以來，天皇便握有了決定、更改年號的權力。

對於國家曾用年號的人來說，其意義已經十分模糊，自然較難理解年號的重要性。對東方社會來說，在西方曆法沒有導入前，王家制定的年號代表著一個時代，也就是時間的解釋權和控制權。民間的交易、記事等，凡牽涉到時間，都需要明記年號和干支來識別。因此，天皇一旦更改年號，對全日本人來說都是牽一髮動全身的事。

自幕府登場後，天皇制定、更改年號時，多少受到將軍或戰國時代的天下人織田信長和豐臣秀吉的影響，很多年號都是天皇和朝廷在外界強烈要求下，才隨之更改和新定。即便如此，所有權力者都堅信更改、制定年號的人只能是天皇，而不能是他們自己。這是為什麼呢？

第一，自大寶律令以來，天皇便一直握有控制時間的大權，這個歷史的傳統成為了一種意識和信仰，讓當時的一般人，即便是幕府將軍都難以輕易否定。第二，所有武士政權全部都以奉侍天皇、代理國政做為執政的大義名分，換言之，天皇的權威若不獲彰顯，將軍存在的正當性也將受到打擊。

因此，每代權力者都需要天皇保持一定的存在感，而年號控制權是能維持傳統信仰以及當權者威信的象徵。

(3) 扭轉局面的「天明大饑饉」

在江戶幕府嚴格控制下，天皇刷存在感的機會屈指可數，只要幕府保持強勢，這個局面便不易被打破。可是，時局變化無常，長久的強勢統治本來就是不可能的事。扭轉局面的契機終於在幕府成立一百八十多年後出現了。

一七八七年，史稱「天明大饑饉」的天災爆發，各大城市的農作品歉收、米價暴漲，責任重大的幕府卻束手無策，以至於各地出現「米暴動」。饑餓的災民襲擊米商的倉庫，大肆搶掠，就連天皇所在的京都也不能倖免。而京都市民首先找的是幕府派駐當地的「京都町奉行」（即「京都市役所」），但他們同樣無法解決問題。

在這時候，同樣受米價高漲影響的朝廷與天皇當然沒辦法當英雄，但當走投無路的京都人民轉向神明求助，希望奇蹟發生時，便把久居深宮的天皇也當作神明膜拜，希望這個天照大神的子孫能拯救他們。

當時在位的，是出身天皇家族支流，久經轉折才成為天皇的光格天皇，也因為這個經歷，讓這位天皇決定不再沉默。他眼見膝下京民之苦，終於忍不住想要做點回應，於是打破常規，派出朝廷使者要求幕府出招救民。

這個看似簡單的呼籲卻引起了巨大的政治動盪，天皇打破沉默，「指示」救災不力的幕府加把勁。後來大致平息民怨後，京民記住的是天皇解救了他們，使得以京都為中心的人民對於天皇存有好感，也刺激了當時有尊王之志的人。

事件結束約半世紀後，以尊王攘夷為口號，質疑幕府政治的呼聲便在以京都為首的西日本泛起漣漪。想必光格天皇不知道自己不小心引起了「蝴蝶效應」，「強刷」了天皇的存在感。

6 近代的「大元帥陛下」是如何形成的？

(1) 近代天皇的統帥權

一八八九年制定的《大日本帝國憲法》（以下簡稱《帝國憲法》），明訂近代天皇擁有三大權限，即國務權、統帥權、授勳權。

我們先來說說統帥權。日本在二戰時侵略東亞諸國，敗戰後被盟軍主持的遠東國際法廷判定為戰爭罪行，身為一國之君的昭和天皇雖然通過與美國談判，得以免責脫身，但戰時天皇握有的統帥權一直成為史家、政治家討論的課題。

所謂的統帥權就是按照《帝國憲法》第十一條，有關「天皇統帥（帝國的）陸、海軍」一節，言明：「天皇是帝國最高軍階的軍人——大元帥，擁有指揮、統率軍隊的權限。」自《帝國憲法》頒布後，明治天皇、大正天皇和戰前的昭和天皇都被稱為「大元帥陛下」，其統帥權具體上分為三類。

第一，大元帥的發令稱為「奉敕命令」，又稱為「大本營（即天皇的帥營）命令」，下面分為對陸軍下達的「大陸命」和對海軍下達的「大海令」。不過，「大本營命令」雖然是以天皇的名義下達的，但原則上均需由海、陸兩軍的總長奏請，然後由天皇許可。換言之，天皇在「大本營命令」上，實際上只有許可權和最終發出權，沒有提案權。

第二，天皇參考陸軍參謀本部和海軍軍令部的軍事意見後，對國家軍隊下達戰略、作戰方針。最著名的例子，昭和天皇在二戰期間曾多次對已制定的作戰方針發表意見，最終使海、陸軍修正計畫。

第三，鼓勵士氣，也就是讓軍隊士兵感覺到天皇是軍隊最高統帥。閱兵、授旗和師團長任命等軍務儀式，都是具體的方式。

(2) 天皇與《軍人敕諭》

《帝國憲法》明訂天皇統帥權，與「大元帥陛下」的具體職務，那麼，天皇統帥權的源流為何？

先回想古代天皇與軍事的關係，除了極少數傳說中的天皇曾率領軍隊親征，大多數是不參與軍事行動的，只會授予出征的將領象徵天皇的節刀。到了中世紀則會頒授軍旗，而到了幕末的鳥羽伏見戰爭時，薩摩藩曾偽造天皇御旗，一直到大政奉還後，才製作官方的天皇御旗。

軍旗之外，天皇與近代軍隊的關係，到了維新政變成功後才逐漸成型。早在《帝國憲法》制定前，兩者的關係便有雛型，就是一八八二年明治天皇向帝國軍隊下達的《軍人敕諭》。

《軍人敕諭》的制定與當時國家軍隊屢屢不穩有關。明治維新以來，日本各地出現了幾次軍人叛亂，一八七八年更爆發由守衛天皇的近衛砲兵團發起的「竹橋事件」。兵亂平息後，政府有鑑於軍紀不良，於是以當時陸軍大臣山縣友朋的名義，率先向陸軍全體發出了《軍人訓誡》，告諭天皇的絕對性和神聖性，要求軍人嚴守軍紀，明禁干政。

到了一八八二年，改為以天皇的名義向海、陸兩軍下達《軍人敕諭》，這是山縣友朋統籌，由當代思想家西周起草的。《軍人敕諭》與前述的《軍人訓誡》原則相近，開頭便強調：「我國軍隊世代皆由天皇統率。」強調天皇對軍隊擁有絕對統帥權。

另外，《軍人敕諭》強調五個軍人操守和道德教條，即「以忠為本」、「重視禮儀」、「崇尚武勇」、「重視信義」和「重視質素」；又鼓勵士兵無條件地服從上級指揮，確實執行命令，必要時慷慨就義、犧牲生命等。

(3) 無力的「大元帥陛下」

《帝國憲法》頒布後，軍部與政府為了強化軍隊對天皇的忠誠心，陸續要求士兵背誦《軍人敕諭》，視它為最重要的教條。在這種軍人教育之下，表面上看似解決了軍紀問題，但結果恰恰相反。問題的根源在於，《軍人敕諭》和《帝國憲法》雖強調天皇對軍隊有絕對統帥權，獨立於行政之外，再由陸軍參謀本部和海軍軍令部共同輔助。但是，對於天皇如何具體確保統帥權上行下效，又如何平衡軍、政兩方的利益，卻十分曖昧。這在二戰以前，完全由天皇和維新時代的元老們努力協調。

可是，甲午戰爭（日清戰爭）、日俄戰爭後，軍部對政府的干涉越來越明顯，與此同時，努力協助天皇維持軍政平衡的元老們，在一九二〇年代陸續死去，「大元帥陛下」天皇便擔起重責。結果證明天皇對軍政只有名義上的指揮權，無力阻止軍部尾大不掉。

雖然，功勳元老死去前後，天皇之下已經增設數名侍從武官長和侍從武官，擔任天皇的軍事顧問，在海陸兩軍間傳達天皇指令，並向天皇呈交陸軍參謀本部和海軍軍令部的請示案。然而，想單靠少數侍從武官長和侍從武官來統制海、陸軍，完全是不可能的（到了二戰才增加到四十三人左右）。二戰期間，天皇平常不會一直待在軍事會議，身邊又只有各一名常勤的武官長和武官，要及時詢問戰況和進行決斷是十分困難的。

戰敗後，日本政府主張保住天皇，立即向盟軍總部強調「天皇無責論」，主張身為「大元帥陛下」的天皇根本無力隻身制衡軍隊。當然，這個辯解雖然在東京審判時避而不談，但戰後力主判罰天皇的澳大利亞等國，還有日本史學界及反戰團體，列出諸多證據反駁這說法。

7 菊花、櫻花與戰爭，與天皇各有什麼關係？

(1) 櫻花與菊紋的迷思

不知道讀者想到日本的花時，會先想到菊花還是櫻花呢？對於經常到日本賞櫻的讀者來說，必然十分熟悉，甚至有不少外國遊客以為櫻花是日本的國花。縱然它俘虜了國內外遊人的心，事實上，日本法律並沒有明文規定國花，櫻花只能說是日本最具代表性的花種而已。

日本王室使用菊紋（另外還有五七桐），這個紋章也用在日本國民的護照上，宛如日本人的標緻。菊花是象徵天皇的花紋，而依現行日本憲法，天皇是日本與日本國民的象徵，然而憲法又標榜天皇與國政分家，因此我們只能勉強地說：菊花在意識形態上算是「準國花」，但恐難成為國花。

二戰前的日本標榜天皇至上的「皇國思想」，為什麼沒有將菊花定為國花呢？道理很簡單，上文提到「菊紋」是天皇家的紋章，在明治維新後，為了最大限度提升天皇的權威，為發動政變打倒幕府的新政府正名，於是明治政府開始嚴格管制菊紋的使用，一開始限制平民百姓，到後來連皇族、華族也受到限制。

菊紋成為了至高無上、天皇才能使用的特別花紋，在「國家因為有天皇而存在」的意識形態下，自然不能將菊花定為國花。再說，由於菊紋是天皇家的獨家紋章，與國家層面是兩回事，明治維新時期的官方活動為免犯忌，不會大量張貼菊紋。順帶一提，當年新政府奪權後，派遣軍隊打倒東日本各地的舊幕府軍，當時動用的御旗其實是「日月之御旗」，而不是「菊紋旗」。

近年漫畫改編的電影《浪客劍心》／《神劍闖江湖》第一部開頭，便錯誤地將「御之錦旗」描繪成「菊紋」，與「日月之御旗」混為一談了。

總之，菊紋在日本政治與文化上具有特殊性質，直至軍國主義、皇國思想日漸遠去，繼續保持著曖昧的特別意義。菊花則降格成為普通的花種，在日本國民心目中，地位已難與櫻花相比。

(2) 櫻花的暗黑史

雖然櫻花已經成為日本國民的「愛花」，但回首往昔，櫻花也曾經有過灰暗的過去。明治維新後，先後打敗沙俄帝國和清帝國，愛國情緒到達前所未有的新高度。日本一躍成為亞洲第一帝國主義強國，激化了擴張的決心。正所謂「貪勝不知輸」，日本政府開始謀劃進一步奪取在中國的權益，同時強化國民的愛國心教育，其中一個重要的「教材」便是櫻花。

日本人對櫻花的鍾愛，歷史悠久，論近來說，從江戶末期的國學大師本居宣長，到明治初年的文學，讚賞櫻花的文章多如星宿。而明治天皇為了與外國政要拉近距離所開設的「御觀花會」（模仿西歐國家宮廷宴遊會），便以櫻花為主題，即後來的「觀櫻會」。

教育普及後所編寫的國民中小學課本，也必然提到櫻花。不過，在日俄、日清戰爭前，對櫻花的描述只停留在「名花」、「日本的花中之王」，還沒有特別將櫻花與國民的愛國教育連成一線。櫻花以外，梅花及松也是能代表日本的名花名木。但日俄、日清戰爭後，大量以櫻花為題的軍歌，以及與靖國思想有關的文章，在軍部主導下大量出現。櫻花盛開後悲美地凋謝，被政府利用做為國民「忠君愛國」的理想形態。例如，明治晚期的一首陸軍軍歌《步兵的本領》，便有以下句子：「既生爲大和男子，當化身爲散兵戰中之花凋落。」

這個「散兵戰中之花」的花，當然就是櫻花了。到了二戰前夕，一九三三年改版的《小學國語讀本》裡，加入了以下句子：「開花了，開花了，櫻花開花了！前進吧，前進吧，兵隊前進吧。」

櫻花盛開與軍隊前進（發動戰爭）緊密結合。這種利用櫻花以及象徵國民意識的「大和魂」教育和國家宣傳，在一九三七年與中國等國正式開戰後越趨強烈，與「皇國精神」、「為君捨命」的軍隊思想，一起成為戰時日本人的精神支柱和唯一被認可的價值觀，甚至是協助日本在亞洲發動侵略戰爭的標籤。軍中、國內倡議在占領地廣種櫻花，即「進軍之櫻」，做為「建設大東亞共榮」的重要任務之一。

(3) 愛思哀愁交纏的「國之華」

隨著日本戰敗，日本各地大量栽種的「國之華」櫻花，在美軍空襲中被大量燒燬。敗戰後的櫻花做為軍國主義的象徵之一，一度成為避談的花種，急求與軍國主義劃清界線的日本人也不在少數。

然而，自古以來對櫻花的鍾愛，以及維新以來耳濡目染的感覺，使得櫻花對大部分日本人來說仍有無可抗拒的魅力，就連占領日本的美軍也無意將櫻花趕盡殺絕。戰爭完全結束後，日本國內在美軍主導下實行新憲法，宣布與軍國主義「分手」，一時被壓抑的「櫻花愛」也陸續復甦。

十九世紀五、六〇年代，以大阪、東京為首，重新種植櫻花的運動在日本各地進行，配合一九六四年舉辦東京奧運，政府更加積極推動，著手重建國民的國家認同感，洗刷敗戰的污點，也藉櫻花做為推廣日本旅遊的法寶。這些措施維持到現在，藉助櫻花，增強「軟實力」和文化輸出。櫻花在日本人心目中的地位，重新回到頂點，甚至超越戰前，成為直接、純粹的「國之華」。

第六章 天皇的家族

1 天皇的嗣君——皇太子——如何產生？

(1) 新舊《皇室典範》裡的皇太子

今年即位為新天皇的浩宮德仁是平成天皇的長子，也就是日本皇室制度下的皇太子。根據現行的《和平憲法》第二條，日本天皇實行世襲制，皇位繼承依照國會議決訂立的《皇室規範》。第一條規定：「（天皇之位由）屬於皇統（天皇血統）的男系男子來世襲。」

第二條則規定了繼承的順位次序：皇太子→皇長孫（皇太子的兒子）→其他皇太子的兒子及其子孫→皇次子（皇太子的弟弟）→皇次子的子孫。

另外，戰前實施的《舊．皇室典範》第一章第一條，也明訂皇位繼承的原則與皇太子的定義。

第一條：「大日本國皇位乃屬祖宗之皇統，由男系男子繼承之。」

第二條：「皇位傳於皇長子。」

第三條：「皇長子不在，則傳於皇長孫。」

第四條：「皇子孫繼承皇位，當以嫡出優先。」

比較戰前與戰後的《皇室典範》，除了取消了「嫡出」原則，基本精神不變，以傳位給長男長孫為優先，而且將方法提高到「祖宗」規定，意味著《新・皇室典範》強調嫡、長繼承乃源於古代的制度與傳統，即所謂「萬世一系」。

天皇制下的皇太子是法定的儲君，在目前大多數立憲君主制的國家，以及不少中國古代王朝，皆遵此道。

但日本皇太子制與皇后制一樣，曾中斷數百年，也經歷很多演變，某種程度上可說是一個全新的產物。尤其「皇太子」是不是等於「長子」的問題，更是爭議不斷。接下來，看看在日本歷史上，「儲君等於皇太子」的演變，從而幫助我們理解現今的皇太子。

(2) 不穩定的皇位繼承方式

日本歷史上的確曾存在過皇太子制，但其中仍有諸多不明確的部分，皇太子既不一定是長子，他的權力也不多，而且從現存文獻和出土文物裡，也確認當時的王位繼承方式，似乎並沒有硬性規定父子繼承，實際上多次過出現兄弟相承。因此，我們只能說古代日本的皇太子制只是一個曾經出現，但不成功落實和穩定推行的制度。在公元六至七世紀時存在過「日之御嗣」，

「日」就是天皇，真正意思是「天照大神的御子孫」，後來「日之御嗣」慢慢轉化為皇太子的代名詞。

不過，大和朝廷初期曾有過豪族酋長出身的大臣，共同推舉王子繼承王位的情況，換言之，冊定「日之御嗣」時也要考慮群臣的意向。這曾引發多場豪族與個別王族、王子勾結，與其他黨派爭奪王位的事件，王位繼承處於極度不穩定的狀態。

到了七世紀左右的律令時代，終於出現了名符其實的皇太子制，這是為了否定上述群臣干預王位繼承的新政策。那時候訂立的《大寶律令》與《養老律令》便有「繼嗣令」，均明文規定「凡皇兄弟皇子、皆為親王，（女帝子亦同）」。也就是說，公主可為天皇，而她所生的兒女都可為親王，都有資格繼承皇位。

因此，七世紀時的大和朝廷既承認女天皇，以及她兒女的繼承權。這是因為當時的天皇與皇后都是王族出身，所以按照這道理，只要能保證繼承人是王族血脈，皇太子不一定要是天皇的長子，公主也可被立為皇太子（真實例子就是孝謙天皇/稱德天皇）。

古代的皇太子制並沒有近代的硬性規定。到了中世紀，藤原家以外戚身分與天皇家結親後，皇后不再是王族出身的女子。為了確保天皇家系血脈，以及維持與藤原家的關係，繼承者從「必須是皇太子」，逐漸改為「男性直系親族」，即天皇的兒子、孫兒，並且成為後來的原則。

此後的皇位繼承人不一定是天皇的長子，中世紀以後的「皇太子」制度也形同虛設，漸漸成為歷史。全由在任天皇「聖心獨斷」，決定繼承人，而選擇時會考慮當時的政治情況。

所謂的政治情況，是當時能左右人選的當權者，如攝關藤原家和幕府將軍的意向。而鎌倉末期至南北朝時代則發生兩派家系的皇子，交互繼承皇位，最後引發對抗分裂，史稱「一天兩帝南北朝」。到了室町時代，南朝天皇兵敗，向勝利的室町幕府，以及幕府扶持的北朝天皇屈服，皇統回歸為一，王權分裂的問題才得以解決。綜觀天皇歷史而言，南北朝時代是一個例外、異常的情況。

總而言之，自中世紀至近代為止，皇位繼承在原則上轉變為男子繼承制，但又沒有必然由嫡長子繼承的規定。那段期間的天皇們，有近一半不是前天皇的長子。所以，明治維新以來所謂的「祖宗規定」，不過是當時人為了穩定皇位繼承，繼而強化天皇權威而想像出來的託詞和理想，然後再強行使之成為不可抗逆的「依據」。

2 一件禁宮醜聞如何折磨後陽成天皇？

(1) 禁斷的宮闈醜聞

婚外情是典型的劇情設定，各位讀者有沒有想過，這種讓男主角「戴綠帽」的劇情曾真實發生在江戶時代的某位天皇身上。這位遇上「男人最痛」的天皇，是後陽成天皇，他見證了統一日本的豐臣家沒落，由德川幕府接掌天下大權的歷史時刻。這位獲得豐臣秀吉照顧扶持的天皇，怎麼會遭受「戴綠帽」的奇恥大辱呢？這要從他治下的朝廷風氣說起。

雖然在不少人心目中，豐臣時代就是侵略戰爭的代名詞，歷時七年有餘的朝鮮戰爭耗盡了這個政權的元氣，但從文化史的角度而言，它卻仍然是以絢爛堂皇著稱的文化復興時代。以黃金茶室為代表的茶道文化，還有和歌、連歌的復盛，都是依賴這十多年國內政治安定而成就的。

受惠者除了秀吉本人與他的豐臣政權，還有一直追求通過文化文藝的復甦，回復權威的朝廷與後陽成天皇。在豐臣政權大力捐助下，天皇與他的後宮，還有侍奉天皇的貴族們，得以重享往日的文化宴會，可謂夜夜笙歌，風流逍遙，戰國時代的苦困日子早已被拋諸腦後。

然而，困苦生活造成的風紀敗壞問題，卻沒有隨著生活安逸而消失，仍然殘留在宮中。而且，宮廷裡雖然逐步恢復了文藝活動，但由於戰國時代的阻隔，新的文藝發展仍未產生，反而是以「回想昔日王朝的輝煌」為主調。其中，《源氏物語》成為天皇和貴族愛讀的文學作品，做為他們追思往昔風流生活的憑藉。

後陽成天皇萬萬沒有想到，這會成為他的惡夢。

那時的禁宮裡，後陽成天皇與其他時代的天皇一樣，身邊盡是一群女官，從天皇的起居飲食以至性生活，都由這些貴族家庭出身的女性來負責。當時的後宮沒有後來江戶城大奧那樣的禁令規條，因為所有的女官都知道自己是為了侍奉這個國家的最高代表而存在的。也因為這個原因，天皇的女官通過自己的家族出身來劃分階級，然後互相監督。

前文提到的各種文藝宴會，天皇與女官自然會積極參與。表面看來是純屬詩文歌舞的交流活動，但隨著交流日趨頻繁，女官與天皇以外的男性貴族的接觸也變多，結果讓天皇痛心疾首的禁宮醜聞便被揭發出來了。

時間是一六〇九年七月。揭發的過程已不可考，只知道有五名獲天皇寵幸的女官與十多名中上級男性貴族有染，而且是多角戀的關係。更讓天皇難堪的是，這十多名貴族中不乏自己重用的臣子。換言之，天皇心愛的女性與自己寵信的臣下聯手給了天皇最大的羞辱。

(2) 德川家康的介入與處斷

五名女官與十多名男貴族有染的醜聞，如果發生在今日社會，足以讓各大媒體日夜追蹤報導。幸好在那個時代，醜聞只在宮中擴散，但這宗十分火爆的事件很快也傳到了幕府前任將軍·德川家康那裡（他當時已退休，被尊稱為「大御所」）。

事實上，早在這醜聞的幾年前，後陽成天皇的後宮便有過幾次零星個案，也是由德川家康協助處理。只是當時涉案的女官身分低，而且人數少，沒有鬧成大事件。

可以想像當時天皇後宮風紀敗壞的嚴重性，而且這些事件都出現同一個名字——豬熊（山科）教利。這位中上級貴族是在天皇身邊侍奉頗久的人物，但操守紀錄不好，不難想像他利用了天皇的寵信。

一六〇九年的醜聞，規模之大，前所未見，豬熊教利再次榜上有名，終於驚動了天皇、太后、其他女官和德川家康。身為最大受害者，天皇本想將涉案的貴族、女官通通處死，以解怒火，可見他對於受到這般羞辱，有著何等憤慨。但他心知不能無視剛成立的幕府，便命令幕府協助。

不過，家康與幕府卻不打算按天皇的心思處理。家康在回覆天皇時提到，醜聞顯示宮內風紀問題不是一兩天的事，殺人無助於解決問題，同時也會損害天皇的仁德。言下之意，迂迴地指責了天皇沒有管好自己的後宮，本身也失責，殺人解恨只會顯得天皇德行有虧，有損王威。結果，家康代替天皇處理了肇事人等，五名通姦的女官被流放孤島，了此殘生；至於輕罪的貴族，不久後還獲得家康赦免。

至於豬熊教利，在事件曝光後便與另一名同樣重罪的貴族潛逃到九州日向國（現在的宮崎縣），之後被抓捕歸案，兩人最終在同年十月被押回京都，均被家康判處死刑，在京都上善寺伏法。醜聞雖然就此了結，但是最大受害人後陽成天皇受到如此大的羞辱，卻不能順意處決肇事女官和貴族，反而遭到家康與幕府暗諷、批評，更讓他感到鬱悶無趣，心灰意冷，於是在同年底，便向幕府提出有意讓位給三皇子（後來的後水尾天皇）。

家康與幕府對此也本無異議，只是家康當時希望自己的小女兒市姬，能在三皇子成為天皇前，確定成為他日後的妃子，可是正當天皇讓位幾近決定之際，市姬夭折而死，使得家康要另想方法。為此，家康與幕府對後陽成天皇的讓位準備工作喊停。最後因為後陽成天皇再三派人催促，終於在四個月後（一六一一年三月底）成功讓位，迎來解脫的一天。

回到宮闈醜事，事件結果讓德川幕府找到介入朝廷事務的口實，使幕府進一步管控朝廷，為日後著名的《禁中并公家諸法度》帶來契機，不知道這是天意還是巧合了。

3 禁宮女官們與天皇是什麼關係？

⑴ 身負多種職責的女官

古今中外的國王都需要有人執勤奉仕，而他們身邊的配偶則有傳續後代的責任。在諸多王國之中，較少出現必須兼顧上述兩種責任的國家，日本算是其中一個異數。

自古代以來，在天皇身邊負責其起居飲食的職員，稱為「女官」。當然，「女官」以外也曾有「男官」，但隨著時代演進，宮中的職務大多由女官負責。

「女官」源自律令制時代，是在皇宮裡執勤的女性官員，又稱為「宮人」，後來又被稱為「女房」。她們負責的職務繁多，按部署分為十二「司」，即內侍、藏、書、藥、兵、闈、殿、掃、水、膳、酒和縫。不過，隨著律令制效能低落，朝廷職能萎縮，最後只剩下內侍司，而且一直保留到明治維新後。

內侍司由尚侍、典侍、掌侍和女孺組成（前三者被稱為「三等官」），以尚侍為長。尚侍是侍奉天皇左右的重要職位，在平安時代還負責傳達天皇旨意。典侍、掌侍也有同樣的職能，但只能在尚侍不在時傳達天皇旨意。至於女孺，一般出身下級貴族和民間婦女，只是打雜的女工，地位遠比前三者低。

除了侍奉天皇左右外，內侍司的女官在中世時代開始，負責守護安放在宮內溫明殿中，俗稱「三種神器」（鏡、劍和勾玉）之一的「鏡」。我們曾經提過，從那時候開始，「鏡」被認為是天皇的皇祖天照大神的靈魂所在，以及祂顯靈的媒介。因此，比起常伴天皇身邊的「劍」和「勾玉」，「鏡」更必須悉心保護。

另外，由於中世紀以來的天皇生活在女官包圍之中，其起居飲食的一舉一動自然由女官來記錄。而天皇在宮內行走或出宮時，三種神器裡「劍」要與他同行，捧劍、護劍的工作也由女官負責。

以上這些重要的工作都落在內侍司的女官身上，可見中世時代開始，伴隨其他十一司逐漸消失，內侍司的功能越來越廣大，走向多功能發展。

(2) 女官也為天皇生育後代

內侍司裡的尚侍、典侍和掌侍還負責侍候天皇，為天皇生兒育女。這裡先說明，在「大王時代」，大王的配偶是「大后」，後來大王改稱天皇後，大后也改稱為皇后，或「后」。

至於其他妃嬪，則沒有嚴謹的制度。天皇自中世紀以後便沒有再立后，而是從各個上級貴族家裡，招納未婚少女入宮，成為「女御」。但是，除了這些出身高貴的「女御」，天皇還將侍寢的工作擴大到內侍司的尚侍、典侍和掌侍。三者漸漸與「女御」一樣，為天皇繁衍後代。他們生下的皇子皇女當然也成為正式的皇祖子孫，甚至成為皇位繼承人。

如近代的明治天皇與大正天皇的生母便是典侍、掌侍出身。雖然在她們之上還有攝白出身的女性成為天皇的正室，但生下天皇繼承人的典侍、掌侍也能「母憑子貴」，獲得特別的榮譽。不過要留意，因為明治時代奉行一夫一妻多妾制，到了後期更只強調「一天皇一皇后」（一夫一妻）的精神，加上《帝國憲法》成立後，也廢除了納妾制。因此，大正天皇的生母柳原愛子不是明治天皇的正室，無法在明治天皇逝世後成為皇太后，官方也不承認她是大正天皇的母后。

(3) 女官制度的細分與改革

回到女官的發展。在平安時代後期，高級的尚侍越來越少出現，典侍、掌侍成為主要的「多功能女官」。隨著尚侍、典侍和掌侍的功能多樣化，以及活動增加，種類和等級也開始細分。往後數百年直至明治維新，三者陸續被細分為尚侍、典侍、掌侍、命婦、女藏人、女孺、御末、御差等；再按出身，等級分為上﨟、小上﨟、中﨟和下﨟。尚侍和典侍屬於上﨟、小上﨟，掌侍和命婦是中﨟，女藏人以下皆是下﨟。

隨著「女官」人數越來越多，負責的工作也越來越廣泛，隨時都會看到這些「女官」。例如從室町時代開始，女官裡的典侍、掌侍為天皇宣讀旨意之餘，還會以天皇使者的身分，用文書向外界傳遞天皇的旨意，一度成為制度。這些寫給外界的文書，便是有名的「女房奉書」，是現在研究中世、近世天皇動向的重要史料。

明治維新後，在木戶孝允和西鄉隆盛的強烈要求下，後宮的女官制度迎來巨大的改革。從以前宮內只有天皇與女官的局面，改為由復置的皇后來統率女官們。傳宗接代的工作，原則上也屬於皇后（只有在皇后無法完成任務時，才由典侍和掌侍來負責）。不過到了昭和時代，曾到英國交流的昭和天皇強調一夫一妻的精神，不再設置典侍和掌侍等側室（但在法理上，仍然有復置的空間）。

負責宮內行政、雜務的女官，到戰前為止，分屬皇后和皇太后；戰後則只剩下「女官長」、「女官」、「侍女長」與「侍女長補」，分置皇后與皇太子之下。

順帶一提，從昭和時代開始，做為「特別公務員」的女官，入職資格逐步放寬，平民女子、已婚婦人也可以成為女官。與從前女官不同的是，不可住在宮中，而是像普通上班族一樣，從自家到宮內出勤。女官們也因為職務特殊的關係，原則上不可向外界透露工作情況和宮中事情（一般相信是簽署了保密協議）。

4 明治天皇如何進行「皇宮現代化」?

(1) 明治維新前後的後宮與天皇

在幕末維新的動盪時代,積極維持朝廷與幕府合作關係的孝明天皇急病而死,少年太子睦仁匆忙即位成為明治天皇,他與宮廷處於怎樣的局面?為什麼他們也成為了「維新」的對象之一呢?

明治天皇是孝明天皇唯一順利長大的兒子,又曾經患上天花,幸好大難不死,最終在父皇急死後,接任了天皇之位。

幕末宮廷是怎樣的風景呢?那時候的天皇是在「百女之中」長大的男性,除了少數的年輕男性侍從外,天皇的日常起居、飲食、房事,以及政令和消息，都由一群「女官」負責。少年睦仁小時候短暫住在外祖父中山忠能的宅第裡，由於急忙繼位，便回到皇宮繼續接受這些女官的照顧。因為這個原因，年少天皇在改革女官制度前，數年被女官包圍。

按照傳統時尚，睦仁臉上會被抹上輕白的薄粉，牙齒會被染黑，盡是傳統京都貴族的氣風。這在江戶時代是再正常不過的，然而身處日本歷史轉向之時，在成功奪取政權的維新派眼裡，卻是不合時宜的。

可是，既然天皇的事務大多由女官負責，而後宮也是天皇的「聖域」，外臣要跟天皇取得聯繫，就要通過女官來傳話和批准。就算奪取了國家政權，維新派公卿貴族與新政府要員，一時也難以從女官手中，奪得控制權。因此，要更有效地利用天皇來彰顯國家走向現代化，首先要排除的就是後宮傳統。

這般大刀闊斧的宮廷改革，也會刺激那些原則上同意抬高王權、尊王倒幕，但骨子裡反對西化、現代化的京都貴族，當中的政治風險不言而喻。不過，在成功結束幕府統治的維新政權面前，這些反抗已然不能成為攔路虎，於是帶動政變的西鄉隆盛、大久保利通和木戶孝允等人，毅然發動這個巨大改革。

(2)「皇宮現代化」與維新

對維新派而言，他們真正關心的是如何盡快使天皇和宮廷，成為國家現代化的標誌。因為標榜「王政復古」、天皇帶領國家向前走的同時，如果宮廷仍是古來的樣子，誠然自相矛盾。他們要塑造的天皇，是鐵錚堅強、昂然威風的男性，而不是活在女人圈中，化著薄妝，顯得懦弱的貴族。

一八七一年二月，西鄉隆盛上京接受政府恩賞，六月正式接受官職之後，便與木戶、大久保，以及貴族出身、支持改革宮廷的德大寺實則等人，在沒得天皇的指令下，率先對宮廷進行「大掃除」，事後再獲天皇追認和批准。八月一日，宮中的女官全數被辭退，再以新政府的名義重新任命部分女官，廢除了古來的門第主義，降低任職女官的資格。

另外，為了不讓一眾女官身處天皇與外臣之間，導致隔閡，新政府讓當年才二十歲的皇后一條美子（後來的昭憲皇太后）負責統馭新改組的後宮。

下一步便是讓政府之手進入皇宮。早在發動「大掃除」的兩年前，即一八六九年，新政府內新設的宮內省（宮內廳的前身）便是為管理天皇與皇宮事宜而設立的機構。初步實施「大掃除」後，政府便指令宮內省的次官（宮內大輔）萬里小路博房在名義上輔助年輕皇后，同時又任命主導舊薩摩藩和長州藩出身的官員成為天皇的侍從長，與改革派的貴族們一起協助政府接管皇宮，掃除「百年之害」。

然而，留下來的女官們也不是省油的燈，她們試圖阻止皇后接管宮內事宜，結果政府正式奏請少年天皇和英照皇太后支持政府以皇后為中心，對宮內進行改革，這毫無意外獲得了批准。

在天皇的聖旨下，強硬的女官們失去了大義名分，被迫接受皇后的管轄。到了第二年一八七二年四月，英照皇太后與昭憲皇后追隨天皇遷居東京，這些不願離開京都的強硬派女官正式被革職棄用。自此，在東京新皇宮裡，由昭憲皇后統治管理的宮廷正式成立，新政府改革皇宮形象的目標也算基本完成了。

5 為什麼日本必須有天皇，但不一定需要皇后？

(1) 皇后的誕生與冊立儀式

日本在中世紀後，整整五百年內沒有皇后（最後一任出現在十四世紀中期）。那麼，為什麼天皇不再需要立后呢？

公元七世紀末，古代大和朝廷仿照唐帝國的典章制度，在八世紀初實施《大寶律令》和《養老律令》。在平安時代成書，專門解說前述諸律令內容和精神的《令義解》便提到了皇后的定義——天子之嫡妻，按例只設置一人。

此外，天皇冊立皇后的儀式和大婚的儀式，理論上有著密切關係，但兩者卻不一定同時執行，到了平安時代，大多分開處理，大婚先行，立后在後。

由於現代冊立皇后的方式與古代不同，背後的意識形態也有很大差異，近現代的皇后事宜將另外詳述，這裡先談古代的立后儀式。

在平安時代，朝廷所用的禮儀書詳記天皇冊立皇后的程序，即天皇大婚的儀式和作法。值得一提的是，在十三世紀以前，日本的上下社會階層仍然流行「婿入婚」，即女婿到妻家居住的習俗。但由於天皇是一國之主、皇祖天神的子孫，他的婚禮一直是現代普遍的「嫁入婚」，即妻子到夫家居住。

按照平安時代的禮法，獲選為皇后（當時一般稱「中宮」）的貴族女子，會在入宮前先獲天皇賜予位階，提升身分，一般是三位或四位。入宮（當時稱為入內）當日會由近衛中將或近衛少將迎接，時間均定在晚間。

整裝待發的準皇后會由家人送到皇宮的北門，然後在宮門前，準皇后將獲宣旨，轉坐專用的輦車到達夜御殿，等待天皇到來。天皇到達後，會先共進晚餐，然後成婚。第二天，天皇如常臨朝，接受祝賀。然後，他會指派宣命使在殿前正式冊封皇后，並宣布皇后寢宮的職員任命等事宜。

(2) 曇花一現的皇后

按照上述律令制，皇后做為「天子之嫡妻」，只能是皇族出身的女子（稱為「內親王」）。其他非王族出身的妃妾則稱為「女御」和「女官」，負責宮中庶務和繁衍後代，地位是低於皇后的。換言之，大和時代和奈良時代，為了保證皇族血脈的純正和神聖，皇后基本上是天皇的近親女子。

可是，這個原則在八世紀中期（公元七二九年）便被打破。當時豪族藤原不比等的女兒光明子，獲在位的聖武天皇冊立為皇后，成為史上第一位非王族女子成為皇后。此例一開，藤原家出身的女子也能成為皇后，到了九世紀時更成為慣例。不過，九世紀以後，皇后不再是常設、必設之位，或不一定只有一人擔任皇后。

這個特異的例子，發生在攝關藤原道長之女彰子身上。當時的一條天皇已有皇后藤原定子（彰子的遠房親戚），但在道長的策劃下，成功讓天皇再納彰子為皇后。換句話說，一條天皇同時擁有兩位皇后。

十一世紀以後，「皇后乃天子之嫡妻」的定義，逐漸成為形式，除了出現兩位皇后外，也曾經有天皇的姊妹成為皇后的例子。十一世紀中期，堀河天皇年幼，他的姊姊媞子內親王被立為皇后，以養母的身分扶持他。當然，這作法只是形式，不代表有亂倫關係，而皇后的定義也變得含糊，不再一定是天皇的法定妻子、「天子之嫡妻」。

與此同時，隨著十一世紀以後朝廷統治能力衰退，武士政權崛起，朝廷無力負擔冊立皇后儀式所需的費用，而且朝廷也不需分置多個部門去維持營運，皇后寢宮的職員也被省去。

而且隨著與中國王朝交流日疏，仿照唐帝國設立皇后、建立律令國家制度，已成為過去。到了十四世紀的後醍醐天皇，即室町時代開始，便幾乎沒有再冊立皇后，由宮中女官們屬於高級類別的尚侍、典侍、常侍取代。

不過在江戶時代初期，曾出現一次「復古」的冊立皇后例子。天下太平後，德川幕府第二代將軍德川秀忠，按照亡父德川家康的遺訓，積極策劃讓自己的五女兒和子，成為後水尾天皇的皇后。這個計畫是為了強調天皇與幕府同心協力，帶有強烈政治意圖。而且自和子以後，江戶時代的天皇均不再立后，所以和子是異例。

在江戶時代二百六十多年的歲月裡，皇后繼續成為歷史名詞。經過動盪多變的幕末和明治維新後，明治政府才在「天皇萬機親裁」的精神下，重整相關制度，包括皇后制。當然，其意含已經與古代皇后制迥然不同了。

6 昭憲皇后的「國民國母」形象是怎麼確立的？

(1) 明治維新的皇后定位

在王朝時代，皇后一般稱「后」或者「中宮」，她不過是天皇的「妻室之首」，負責為天皇生出繼承人，以及在前天皇死去後做為新天皇之母，扶持新君。

中世紀以後，皇后已不常置，明治維新以前的後宮是「一個男人被很多女人包圍」的空間和架構，天皇的所有事情皆由這些女性代勞、主持。維新後的皇后又怎樣呢？

我們再次重申，明治維新既標榜進步（向西方學習），同時也主張「復古」，這個「古」就是追溯傳說中第一個天皇神武天皇的理想統治形態。這是源自江戶時代中期以來的國學構思，是想像而成的「烏托邦」，天皇以天神子孫的身分統治世界，萬民百姓忠誠相隨，諸國信服。

不論這個理想有多虛幻，在這個將進步與復古混為一談，看似矛盾的構想下，維新政府除了恢復天皇統治國家的「復古模式」外，也不忘恢復自古以來的理想家族模式——復置「皇后」，做為天皇配偶。

復置皇后就是為了實現源自中國儒家思想的理想夫妻關係，即「男耕女織」、「夫主外，妻主內」、「夫唱婦隨」，以示兩性分工守分。「男耕女織」的觀念，早已存在，《日本書紀》便提到傳說中的繼體天皇，曾主張帝王應該自行耕作，做為勸農的表率；后妃則親自養蠶給桑以織衣，做為婦女持家的模範。

雖然這個理想在明治維新以前基本上從未實踐過，與「復古」思想一樣，只是假託古人來刻劃理想的故事，但是近現代天皇與皇后一直秉承著這個理想。以今年剛退位的平成天皇與皇后為例，他們會在每年四月進行一個儀式。天皇親自到東京皇居裡的水田播種，而美智子皇后則到紅葉山御養蠶所親自授桑，利用蠶絲來編織，親身實踐「男耕女織」的精神。

雖說這個儀式的象徵意義大於實質意義，但可見明治維新賦與皇后的功能已經不止於「產育天皇繼承人」，更重要的是以「天皇之妻」、「賢內助」，以及日本女性總代表的身分輔助天皇，同心協力去統御國家。

(2)昭憲皇后的西化

明治維新賦予皇后「內助之功」的任務，第一個擔當此重任的昭憲皇后（一條美香）做得怎樣呢？

昭憲皇后乃貴族出身，本是一位深有教養的女性，她精通和歌和《源氏物語》，又跟其他待嫁的貴族女子一樣，預習各種為人妻子應有的涵養。但是在國家變革的時代，舊時代的教養顯然不足以應對。而且，皇后一開始與明治天皇聚少離多，一直沒機會正式涉入新時代皇后的工作。一直到一八七七年的西南戰爭後，年輕的明治天皇意識到自己是一國之君，開始積極地與皇后一同擔負起革新國家的使命。

昭憲皇后的第一個任務，是在西鄉隆盛等人進行後宮改革後，成為後宮領導者。除此之外，她的例行公事就是以「天皇之妻」的身分，陪同天皇巡視各地方、檢閱軍隊軍艦，以及接見外國駐日公使。

對於明治政府而言，接見外國駐日大使的重要性不言而喻。特別在伊藤博文、岩倉具視等政府首腦，極力主張「學習西方」的方針下，天皇、皇后與皇室做為國民表率和國家代表，必須展現出積極與西方國家打交道的態度，從衣著到公開活動都盡量以德、法兩國為藍本，進行改變。

例如，一八八〇年代開始定期舉行的觀櫻觀菊會、國宴，還有與外國使節夫婦進行社交等，都是皇后必須陪同天皇出席、主持的國家活動。另外，在當時外務卿井上毅的推動下，日本政府在一八七〇末至八〇年代，先後聘請了精通歐洲宮廷典制的德國駐日公使德霍夫（Otto Graf von Dönhoff）夫婦與莫爾（Ottmar von Mohl）夫婦到宮中，親自指導皇后與皇室成員學習。

透過德霍夫與莫爾夫婦的幫助，昭憲皇后更有自信地與各國駐日大使和夫人們進行社交，一方面則繼續學習西方國家皇后與貴婦的社交模式和舉止。到了後來，皇后更獲授權，在天皇外出時代為接見各國使節。對此，堪稱「師父」的莫爾更在自己的日記中誇讚皇后為「王侯貴婦的典型模範」。

(3)「國母陛下」的誕生

皇后成功落實西化政策，獲得西方國家青睞和肯定，這只是外交上的成就。皇后的另一個使命便是在國內，以天皇之妻的身分，彰顯「國母」、「賢后」的典範。

自新政府成立以來，不斷發生大大小小的叛亂和戰事，昭憲皇后便以皇后的名義下賜醫藥品給政府軍將士，以為撫卹。這個工作原本出於皇后的仁愛之心，但隨著日本發展，在一八九〇年代開始與周邊國家相繼出現矛盾。從江華島事件、日清戰爭，再到日俄戰爭，大量戰事象徵了日本從改革轉為對外擴張，皇后的角色與功能也隨之改變。

尤其是日俄戰爭時，為了激勵國民士氣，一致祈求勝利，皇后與由貴族婦人領導的「愛國婦人會」聯手，通過發行刊物和公益活動，鼓勵全國婦女在大後方投入生產和勞動，又要求全國節儉，以支援前線將士和國家。

那時候曾傳出一件事，皇后曾夢見已故的維新志士坂本龍馬，囑託她協助守護日本海軍。這傳聞流出後，使當時日本國民士氣大振，更願意一致對外。皇后又代表皇族、貴族婦女，以「愛國婦人會」的會員身分到前線基地廣島的醫院，親自慰問因傷被送回國的將士，又賜與各種醫療物品、義肢、義眼、紗布等。自此行動後，國內媒體紛紛高呼皇后為「國母陛下」，受萬民愛戴，人氣更是一時無兩。

日俄戰爭勝利後，日本全國沉浸在喜悅與光榮之中，但戰爭的後遺症，以及當時社會因為過度、過快發展導致的社會問題，陸續發生，肺結核也在戰後急速蔓延，成為國民的致命殺手。

昭憲皇后配合天皇的救濟政策，與上述「愛國婦人會」、日本紅十字會合作，撥出資金進行救濟，多次以行動支持兩會的慈善活動，又走訪多家醫院慰問住院病人。

這種救苦、扶弱、憐恤的仁愛形象，成為後來的貞明皇后、現在的美智子皇后，以及今後的雅子皇后的表率，是近現代日本皇后的典範和指標。

經過昭憲皇后改造皇后形象，皇后不再是從前那個「天皇的生育機器」，而是恤民愛民、扶持夫君的女性模範。昭憲皇后在晚年更受敬仰，被稱為「天皇之御后，國民之國母陛下」。

7 為什麼第一代「平民皇后」美智子成為改變皇室形象的象徵？

(1) Micchi-Boom——平民皇后的誕生

有多少讀者聽過Micchi-Boom？Micchi是平成上皇之妻美智子（Michiko）在讀書時的暱稱，而Micchi-Boom一詞用中文來說，就是「美智子熱潮」或「美智子旋風」，這是戰後一九五〇年代末期的流行語。那麼，為什麼美智子上皇后的名字會成為Micchi-Boom的來源呢？

「上皇后」美智子是大企業日清製粉前社長正田英三郎的長女，在一九五七年畢業於聖心女子大學，不久便被選為皇太子明仁親王（現在的平成上皇）的妃子。

時值日本剛於二戰中戰敗投降，國家亟需喜事來安撫人心，重振皇室聲威。剛好平成上皇通過網球認識了美智子後，很快便有與她結婚的意願。當時負責皇太子事務的「管家」東宮職參與——小泉信三——也留意到皇太子的意思，後來他在回憶錄裡提到，當時深深讚嘆美智子的學識及教養，認為她是太子妃以及將來皇后的理想人選。

然而，美智子本人有兩個大麻煩。一方面，她不是皇族、華族出身。事實上，在平成天皇以前的所有天皇，包括明治天皇、大正天皇和昭和天皇的皇后都是名門貴族，沒有例外。如今，一旦接受了美智子成為太子妃，便意味著日本將迎來史上第一個「平民皇后」。這個轉變在當時引起了保守勢力的質疑和不安，更有甚者，皇太子的生母香淳皇后曾表明皇太子妃身分過低，認為兩者結婚並不合適，因此憤慨。

另一個比「平民皇后」更為棘手的問題是，美智子生家正田家的宗教背景。正田家是基督教徒，美智子就讀的聖心女子大學也是基督教背景的私立大學，但皇族、華族子弟、閨女都會就讀東京的學習院大學。美智子的基督教信仰對於當時才剛卸下「現御神」信仰的天皇家，以及仍然強烈信奉國家神道、「天皇是神」的保守派而言，自然是難以接受的「瑕疵」。

不過，這些來自保守派的質疑與阻撓，在平成上皇的強烈要求下被一一掃清。更重要的是，當時的首相岸信介積極帶領日本走出戰敗國的陰影，他對明仁與美智子的婚事表示歡迎，認為能給國內外人士一個良好印象，脫除日本皇室保守落後的觀感。

於是，在一九五八年十一月二十七日，經過皇室與首相參與的皇室會議後，正式確認了明仁與美智子的婚約，並且向全國國民通報。由於是第一個平民太子妃，大眾媒體在官方消息發出後，一連串關於美智子的大小報導和花邊新聞占據了報章頭版和雜誌。各大女性雜誌都紛紛刊登美智子的照片，分析她的日常衣裝打扮，使得年輕女性爭相模仿。而且，藉由追訪美智子的新聞、故事而創刊的大小雜誌，也在當年如雨後春筍般湧現。

不只如此，明仁與美智子交往的消息傳出後，反對保守主義的民間團體熱烈地對兩人交往表達支持，女權組織紛紛祭出自由戀愛、萬民平等等口號。

可見戰後日本民間同樣希望一洗戰敗的頹廢，並且藉機改革，迎來新的社會時尚。這些希望、期待與呼聲寄託在明仁與美智子的婚事上。當政府公布兩人的婚禮將於一九五九年四月十日舉行，並且會直播巡禮過程，民眾開始爭相搶購黑白電視機。據統計，單是當年四月便賣出了二百萬部電視機。

自此，Micchi-Boom便出現在各大雜誌報章中。

(2) 與保守思想抗衡的皇后與妃子們

盛況空前的Micchi-Boom狂熱，正是岸信介政府想看到的。戰後初期，政府其中一個重要工作就是保有皇室，而重建天皇形象更是當務之急。當時重點都放在如何改造天皇的形象，皇后的形象和定位都不是討論的重點。美智子成為「平民太子妃」後，也將成為「平民皇后」，入宮後的她如何力抗皇族的保守勢力和聲音，成為了當時媒體另一個關注的重點。

美智子在婚後不久便連續生下兩個皇子和一個公主，在皇室與政府的推動，以及美智子本人的意願下，改由她親自餵哺母乳，又廢止了三名子女接受特別教育的慣例。雖然這些改動和意志廣受平民歡迎和支持，但皇宮以及宮內廳則有迥然不同的反應。

日本國民為擁有「平民皇后」而雀躍，政府也利用這機會去推動天皇親民化，並向外國力證「天皇是日本萬民所望的存在」，但保守派，一直沒有放棄攻擊美智子，「麵粉屋的女兒」、「霸凌美智子事件」等更成為當時的新聞話題。

這種壓力還有外界對「理想皇后」的期許，皆讓美智子承受巨大壓力，在一九九三年，她患上了短期的「失語症」，無法說話。可見，「嫁入帝皇家」的女性並不一定就能從此榮華富貴，「飛上枝頭變鳳凰」。

皇后美智子承受的壓力，也轉移到她的媳婦，現在的新皇后雅子身上。尤其是雅子始終未能生下皇子，使她與愛子公主承受著揶揄。出身外交官世家的雅子，在壓力下被迫放棄工作，只能成為一位「賢妻良母」，因而多次傳出她患上抑鬱症。

至於將來的皇后紀子，雖然她生下了唯一的男嗣悠仁親王，但也同樣受到來自保守、普羅大眾的「監察」。日本皇后的重擔隨著天皇、皇室走向親民化，似乎仍未減輕。

結語

本書是我三年來第三本著作，此前的兩部作品都以日本戰國時代史為主題，那是我在日本攻讀博士的研究領城。這次特意以天皇為主題，其原因之一當然是因為日本將迎接三十一年來，又一次天皇更替的歷史時刻，也是我們重新思考、認識日本這個一衣帶水的鄰居的好時機。

我這樣說並不是認為華人對日本這個國家的文化、歷史不關心，事實上恰恰相反，隨著時代的發展，華人對日本的好奇度與日俱增。到現在，走訪日本各地名勝古蹟的遊客也以華人為最多，這是我旅居日本十餘年親眼看見的變化。

然而，正因為如此，我認為華人對於日本的了解，不應只是表層上的文化潮流，或者一邊倒地、不求甚解地吹捧，我們應該多接觸其深層的歷史、文化、民俗及思想等各領域。

說到這裡，我回想起了三段類似的經歷。我當年在香港參加日本文部科學省國費留學獎學金的面試，後來到日本國立廣島大學考碩士班的面試，再後來到國立一橋大學考博士班的面試，考官們不約而同問我一個問題：「為什麼你這個外國人想研究日本歷史呢？」

我每次回答都是一樣的：「想為促進華人與日本人相互了解做出貢獻，想成為一座橋樑。」雖然無法知道老師們聽到之後的反應和想法，但不管如何，我至今為止的作品，寫作的根本動機也是如此，從未改變。對於我而言，在這個自設命題裡，日本的歷史、文化和思想核心，其中一個必不可少的部分就是天皇。

我一直在日本研究日本歷史，能在日本生活，親耳聽聞本應終身在位的天皇要退位，那一瞬間，除了深感日本歷史又翻開重要的一頁，更因此再次肯定歷史並不是一種只為追溯過去的學問，歷史的轉變一直都會突然發生。而且，我們往往是在那一刻之後，才意識到轉變的意義。

我在十多年前踏進日本史的世界後，不僅對武士的歷史，也一直對天皇與天皇制抱有濃厚興趣。如同本書〈序言〉所說，那時候的我與一般華人讀者一樣，都曾經將中國的帝王觀套到包括天皇在內的其他國家君王上，以便自己去理解。更甚者，除了權力強弱外，對「天皇是什麼」、「天皇對日本而言有什麼意義」等問題的關心度，卻彷彿事不關己，只將帝王視為一種權力的生物，除此之外，別無其他。

隨著自己對日本史的研究深度與日俱增，我痛感這樣的理解實在不合適（對其他國家，情況亦然）。但與其只是抱怨、不滿，實際行動才是最重要的。趁著這次天皇退位、新天皇登基，正是喚起華人讀者關注與好奇心的好機會。

為此，我寫作本書，擺脫過去以政治通史為主的單一述說方式，改以多角度向讀者介紹、說明天皇和天皇制。不知道各位讀完本書後，有什麼看法？如果能讓讀者重新泛起對相關問題的好奇心，想重新思考天皇對日本的意義，以至與中華文化的關係，本書的價值便得以體現了。

最後，想感謝一直以來支持我的各位朋友和家人。我完成本書時，剛好完成在日本國立一橋大學的博士學位課程，人生即將翻開新頁。在這長達六年有餘的求學時期，父母、親姊，還有岳父母的默默支持和幫助，自不待言。我更慶幸獲得妻子支持和諒解我遠赴日本求學的決定，並義無反顧地給予鼓勵和支持。這些都是我一生難忘的恩情。今後將會學以致用，繼續將所學所知化為著作的原動力，努力發揮所長，以為報答。

在本書末，我深感本書得以完成，有賴「故事．寫給所有人的歷史」的主編胡川安先生的協助和寶貴意見，在此表示衷心的感謝。恩義情誼，盡在心中。

胡煒權

二〇一九年一月二十五日

寫於國會國立圖書館，眺望東京皇居的早上

飛鳥、白鳳時代					
荀子	漢書	晉書	宋書		
日本書紀	後漢書				
禮記	淮南子	日本書紀			
神皇正統記					
漢書					
奈良時代					
續日本紀					
易經					
孟子					
大戴禮					
禮記					
續日本紀					
未詳					
未詳					
未詳					
晉書					
禮記					
漢書	後漢書				
平安時代					
未詳					
禮記					
未詳					
老子					

歷代年號（元號）一覽表〔附:年號出典〕

天皇代數	在位天皇	年號	歷時	
飛鳥、白鳳時代				
36	孝德	大化	645~650	天下安寧（釋日本紀）
		白雉	650~654	祥瑞（日本書紀）
		（白鳳、672~682）		未詳
40	天武	朱鳥	686	祥瑞（一代要紀）
42	文武	大寶	701~704	吉事（神皇正統記）
		慶雲	704~708	祥瑞
奈良時代				
43	元明	和銅	708~715	吉事（續日本紀）
44	元正	靈龜	715~717	即位
		養老	717~724	未詳
45	聖武	神龜	724~729	即位
		天平	729~749	祥瑞
		天平感寶	749	吉事（續日本紀）
46	孝謙	天平勝寶	749~757	即位
46-48	孝謙、淳仁、稱德	天平寶字	757~765	祥瑞
48	稱德	天平神護	765~767	未詳
		神護景雲	767~770	未詳
49	光仁	寶龜	770~780	祥瑞（續日本紀）
49-50	光仁、桓武	天應	781~782	祥瑞（續日本紀）
平安時代				
50	桓武	延曆	782~806	即位
51	平城	大同	806~810	即位
52	嵯峨	弘仁	810~824	即位
53	淳和	天長	824~834	即位

未詳					
續日本後紀	毛詩正義	文選			
論語					
文德實錄					
文德實錄	史記				
易經					
張華詩					
禮記					
舊唐書					
舊唐書					
尚書					
文選	漢書				
後漢書					
漢書					
論語	史記				
易經	禮記				
董巴議					
尚書					
漢書	宋書				
論語					
未詳					
未詳					
史記	後漢書				
尚書					
漢書					
後漢書	藝文類聚				
晉書	舊唐書				
史記					
未詳					

54	仁明	承和	834~848	即位
		嘉祥	848~851	祥瑞（續日本後紀）
55	文德	仁壽	851~854	即位、祥瑞
		齊衡	854~857	未詳
		天安	857~859	祥瑞（續日本後紀）
56	清和	貞觀	859~877	即位
57	陽成	元慶	877~885	祥瑞（三代實錄）
58	光孝	仁和	885~889	即位
59	宇多	寬平	889~898	即位
60	醍醐	昌泰	898~901	即位
		延喜	901~923	辛酉革命
		延長	923~931	災害
61	朱雀	承平	931~938	即位
		天慶	938~947	災害、兵亂
62	村上	天曆	947~957	即位
		天德	957~961	災害
		應和	961~964	辛酉革命
		康保	964~968	甲子革命
63	冷泉	安和	968~970	兵亂
64	圓融	天祿	970~973	即位
		天延	973~976	災害
		貞元	976~978	災害
		天元	978~983	災害
		永觀	983~985	災害
65	花山	寬和	985~987	即位
66	一條	永延	987~989	即位
		永祚	989~990	災害
		正曆	990~995	災害
		長德	995~999	災害

國語					
漢書					
禮記					
會稽記	漢書				
漢書					
詩經					
六韜					
春秋					
老子					
後漢書					
宋書					
抱朴子					
後漢書					
尚書					
尚書					
尚書					
維城典訓					
尚書					
白虎通義					
禮記					
史記					
後漢書	禮記正義				
周易					
崔寔政論					
漢書					
漢書					
文選					
尚書					
毛詩					

		長保	999~1004	災害
		寬弘	1004~1012	災害
67	三條	長和	1012~1017	即位
68	後一條	寬仁	1017~1021	即位
		治安	1021~1024	辛酉革命
		萬壽	1024~1028	甲子革命
		長元	1028~1037	災害、兵亂
69	後朱雀	長曆	1037~1040	即位
		長久	1040~1044	災害
		寬德	1044~1046	疫病
70	後冷泉	永承	1046~1053	即位
		天喜	1053~1058	災害
		康平	1058~1065	災害
		治曆	1065~1069	災害
71	後三條	延久	1069~1074	即位
72	白河	承保	1074~1077	即位
		承曆	1077~1081	疫病
		永保	1081~1084	辛酉革命
		應德	1084~1087	甲子革命
73	堀河	寬治	1087~1094	即位
		嘉保	1094~1096	疫病
		永長	1096~1097	災害
		承德	1097~1099	災害
		康和	1099~1104	災害、疫病
		長治	1104~1106	災害
		嘉承	1106~1108	天象異變
74	鳥羽	天仁	1108~1110	即位
		天永	1110~1113	天象異變
		永久	1113~1118	天象異變、疫病

未詳					
未詳					
易經					
河圖挺佐輔					
漢書					
史記					
文選					
晉書	魏文典論				
宋書					
後漢書					
晉書					
後漢書					
抱朴子	隋書				
顏氏家訓					
史記					
後漢書					
尚書					
維城典訓					
漢書					
毛詩正義					
漢書					
尚書					
漢書					
河圖挺作輔					
後漢書					
鎌倉時代					
毛詩					
尚書					
禮記					

		元永	1118~1120	天象異變、疫病
		保安	1120~1124	天象異變
75	崇德	天治	1124~1126	即位
		大治	1126~1131	疫病
		天承	1131~1132	災害
		長承	1132~1135	災害、疫病
		保延	1135~1141	災害、疫病
		永治	1141~1142	辛酉革命
76	近衛	康治	1142~1144	即位
		天養	1144~1145	甲子革命
		久安	1145~1151	天象異變
		仁平	1151~1154	災害
		久壽	1154~1156	天象異變
77	後白河	保元	1156~1159	即位
78	二條	平治	1159~1160	即位
		永曆	1160~1161	兵亂
		應保	1161~1163	疫病
		長寬	1163~1165	疫病
		永萬	1165~1166	天皇病患
79	六條	仁安	1166~1169	即位
80	高倉	嘉應	1169~1171	即位
		承安	1171~1175	天象異變
		安元	1175~1177	疫病
		治承	1177~1181	災害
81	安德	養和	1181~1182	即位
鎌倉時代				
81	安德	壽永	1182~1184	疫病
82	後鳥羽	元曆	1184~1185	即位
		文治	1185~1190	災害、兵亂

晉書	吳志				
莊子					
文選					
毛詩正義					
文選					
通典					
後漢書	宋書				
尚書					
詩經					
周易					
周易					
博物志					
周易					
後魏書					
周易注疏					
尚書					
唐書	文選				
北齊書					
隋書					
文選					
書儀					
宋書					
春秋繁露					
後漢書					
不詳					
藝文類聚					
毛詩					
晉書					
貞觀政要					

83	土御門	建久	1190~1199	災害
		正治	1199~1201	即位
		建仁	1201~1204	辛酉革命
		元久	1204~1206	甲子革命
		建永	1206~1207	天皇病患
		承元	1207~1211	疫病、天災
84、85	順德（仲恭）	建曆	1211~1213	即位
		建保	1213~1219	天象異變
		承久	1219~1222	天象異變
86	後堀河	貞應	1222~1224	即位
		元仁	1224~1225	天象異變
		嘉祿	1225~1227	疫病
		安貞	1227~1229	疫病
		寬喜	1229~1232	天象異變
		貞永	1232~1233	饑饉
87	四條	天福	1233~1234	即位
		文曆	1234~1235	天象異變
		嘉禎	1235~1238	天象異變
		曆仁	1238~1239	天象異變
		延應	1239~1240	天象異變
		仁治	1240~1243	天象異變
88	後嵯峨	寬元	1243~1247	即位
89	後深草	寶治	1247~1249	即位
		建長	1249~1256	天象異變
		康元	1256~1257	疫病
		正嘉	1257~1259	災害
		正元	1259~1260	疫病、饑饉
90	龜山	文應	1260~1261	即位
		弘長	1261~1264	辛酉革命

不詳					
周禮					
太宗實錄					
詩經					
晉書					
孔子家語					
周易					
藝文類聚					
尚書	後魏書				
後漢書					
舊唐書					
不詳					
梁書					
唐書					
周易					
易經					
唐書					
周易					
不詳					
南北朝／室町時代					
				（南　朝）	
易經					
不詳		96（南一）	後醍醐	建武	1334~1336
帝王世紀				延元	1336~1340
漢書		97（南二）	後村上	興國	1340~1346
藝文類聚				正平	1346~1370
莊子					
吳志					
漢書					

		文永	1264~1275	甲子革命
91	後宇多	建治	1275~1278	即位
		弘安	1278~1288	疫病
92	伏見	正應	1288~1293	即位
		永仁	1293~1299	天象異變
93	後伏見	正安	1299~1302	即位
94	後二條	乾元	1302~1303	即位
		嘉元	1303~1306	天象異變
		德治	1306~1308	天象異變
95	花園	延慶	1308~1311	即位
		應長	1311~1312	疫病
		正和	1312~1317	天象異變
		文保	1317~1319	災害
96	後醍醐	元應	1319~1321	即位
		元亨	1321~1324	辛酉革命
		正中	1234~1326	甲子革命
		嘉曆	1326~1329	疫病
		元德	1329~1331	疫病
		（元弘	1331~1334）	兵亂
南北朝／室町時代				
		（北　朝）		
北一	光嚴	正慶	1332~1333	即位
		建武	1334~1338	不詳
北二	光明	曆應	1338~1342	即位
		康永	1342~1345	不詳
		貞和	1345~1350	疫病、災害
北三	崇光	觀應	1350~1352	即位
北四	後光嚴	文和	1352~1356	即位
		延文	1356~1361	兵亂

史記					
周易				建德	1370~1372
毛詩正義				文中	1372~1375
尚書	藝文類聚	98（南三）	長慶	天授	1375~1381
唐書					
不詳				弘和	1381~1384
孝經					
毛詩正義		99（南四）	後龜山	元中	1384~1392
文選					
禮記					
室町時代					
會要					
禮記正義					
後漢書					
周易					
晉書	尚書				
舊唐書					
尚書					
史記					
韓非子					
孔子家語					
荀子					
維城教訓					
周易					
春秋左傳	後漢書				
孟子					
文選	周易				
爾雅					
周易緯					

		康安	1361~1362	疫病
		貞治	1362~1368	災害、兵亂
		應安	1368~1375	疫病、天象異變
北五	後圓融	永和	1375~1379	即位
		康曆	1379~1381	疫病、兵亂
		永德	1381~1384	辛酉革命
100	後小松	至德	1384~1387	甲子革命
		嘉慶	1387~1389	疫病
		康應	1389~1390	天皇病患
		明德	1392~1394	天象異變、兵亂
室町時代				
100-101	後小松、稱光	應永	1394~1428	疫病
101	稱光	正長	1428~1429	即位
102	後花園	永享	1429~1441	即位
		嘉吉	1441~1444	辛酉革命
		文安	1444~1449	甲子革命
		寶德	1449~1452	疫病、天象異變
		享德	1452~1455	疫病
		康正	1455~1457	兵亂
		長祿	1457~1460	天皇病患、災害
		寛正	1460~1466	饑饉
103	後土御門	文正	1466~1467	即位
		應仁	1467~1469	兵亂
		文明	1469~1487	兵亂
		長享	1487~1489	兵亂、疫病
		延德	1489~1492	天象異變、疫病
		明應	1492~1501	天象異變、疫病
104	後柏原	文龜	1501~1504	辛酉革命
		永正	1504~1521	甲子革命

杜氏通典					
周易					
易經					
北齊書					
群書治要					
毛詩					
文選					
杜氏通典					
毛詩					
江戶時代					
不詳					
毛詩朱氏注					
尚書正義					
周易					
周易					
漢書					
史記					
荀子					
隋書					
尚書	後漢書				
周易					
宋史					
舊唐書					
尚書正義					
後漢書					
文選					
國語					
藝文類聚					
文選					

		大永	1521~1528	兵亂、天象異變
105	後奈良	享祿	1528~1532	即位
		天文	1532~1555	兵亂
		弘治	1555~1558	兵亂
106	正親町	永祿	1558~1570	即位
		元龜	1570~1573	兵亂
		天正	1573~1592	兵亂
107	後陽成	文祿	1592~1596	即位
		慶長	1596~1615	天象異變
江戶時代				
108	後水尾	元和	1615~1624	即位
108-109	後水尾、明正	寬永	1624~1644	甲子革命
110	後光明	正保	1644~1648	即位
		慶安	1648~1652	天皇病患
		承應	1652~1655	將軍更替
111	後西	明曆	1655~1658	即位
		萬治	1658~1661	災害
		寬文	1661~1673	災害
112	靈元	延寶	1673~1681	即位
		天和	1681~1684	辛酉革命
		貞享	1684~1688	甲子革命
113	東山	元祿	1688~1704	即位
		寶永	1704~1711	災害
114	中御門	正德	1711~1716	即位
		享保	1716~1736	天象異變
115	櫻町	元文	1736~1741	即位
		寬保	1741~1744	辛酉革命
		延享	1744~1748	甲子革命
116	桃園	寬延	1748~1751	即位

貞觀政要					
尚書					
文選					
尚書					
春秋左傳					
文選					
周易					
尚書					
尚書					
書經	晉書				
宋書					
群書治要					
後漢書					
後漢書					
周易					
文選					
現代					
周易	孔子家語				
易經					
書經					
史記	書經				

		寶曆	1751~1764	天象異變
117-118	後櫻町、後桃園	明和	1764~1772	即位
118-119	後桃園、光格	安永	1772~1781	災害
119	光格	天明	1781~1789	不詳
		寛政	1789~1801	災害
		享和	1801~1804	辛酉革命
		文化	1804~1818	甲子革命
120	仁孝	文政	1818~1830	即位
		天保	1830~1844	災害
		弘化	1844~1848	災害
121	孝明	嘉永	1848~1854	即位
		安政	1854~1860	災害
		萬延	1860~1861	不詳
		文久	1861~1864	辛酉革命
		元治	1864~1865	甲子革命
		慶應	1865~1868	兵亂、災害
現代				
122	明治	明治	1868~1912	即位
123	大正	大正	1912~1926	即位
124	昭和	昭和	1926~1989	即位
125	平成	平成	1989~2019	即位

著者誌：

一、第一項的《（舊）皇室典範》現在已爲歷史資料，與第二項的《（新）皇室典範》無關。

二、第二項的《（新）皇室典範》及第三項的《平成天皇退位特別法》爲日本現行法律之一，官方版本並沒有中文翻譯。本翻譯僅爲方便本書讀者閱讀和參考，一切條文解釋以日本官方的日本語原文爲準。

我日本帝國享有天佑，寶祚萬世一系，歷代繼承。以至朕（註：明治天皇）躬，惟祖宗肇國之初，大憲定一，昭如日星，如今之時，宜當明徹遺訓，制立皇家成典，以永遠鞏固丕基。茲經諮詢樞密顧問，裁定皇室典範，為朕之後嗣及子孫所遵守。

明治二十二年二月十一日

〔舊〕皇室典範

第一章．皇位繼承

第 一 條．大日本國以祖宗之皇統，由男系男子繼承之。
第 二 條．皇位傳於皇長子。
第 三 條．皇長子不在時，〔皇位〕傳於皇長孫。皇長子及其子皆不在時，傳於皇次子及其子孫，以下皆以之為例。
第 四 條．皇子孫繼承皇位，以嫡出為先，皇庶子孫繼承皇位，皆限皇嫡子孫不在之時。
第 五 條．皇子孫皆不在時，〔皇位〕傳於皇兄弟及其子孫。
第 六 條．皇兄弟及其子孫皆不在時，〔皇位〕傳於皇伯叔父及其子孫。
第 七 條．皇伯叔父及其子孫皆不在時，〔皇位〕傳於其以上最近親之皇族。
第 八 條．皇兄弟以上，於同等之內，以嫡為先，庶為後，長為先，幼為後。
第 九 條．若皇嗣有精神、身體不治之重患，又或者有重大之事故時，諮詢皇族會議及樞密顧問，可依前諸條，更換繼承順序。

第二章．踐祚即位

第 十 條．天皇駕崩之時，皇嗣隨即踐祚，承祖宗之神器。
第十一 條．即位之禮及大嘗祭於京都進行。

第十二條．踐祚後，建元號。一世之間，不再改之，遵從明治元年之定制。

第三章．成年後立太子

第十三條．天皇及皇太子、皇太孫以年滿十八歲為成年。

第十四條．前條以外，其他皇族則以二十歲為成年。

第十五條．以儲嗣之皇子為皇太子，皇太子不在時，以儲嗣之皇孫為皇太孫。

第十六條．冊立皇后、皇太子、皇太孫時，以詔書公布之。

第四章．敬稱

第十七條．天皇、太皇太后、皇太后、皇后之敬稱為「陛下」。

第十八條．皇太子、皇太子妃、皇太孫、皇太孫妃、親王、親王妃、內親王、王、王妃、女王之敬稱為「殿下」。

第五章．攝政

第十九條．天皇未達成年之時，置「攝政」。天皇因恆久之故障，不能親大政時，經皇族會議及樞密顧問之議而置「攝政」。

第二十條．「攝政」由到達成年之皇太子，或皇太孫任之。

第二十一條．皇太子、皇太孫不在，或未達成年之時，依下列順序委任「攝政」。

第一：親王及王

第二：皇后

第三：皇太后
第四：太皇太后
第五：內親王及女王

第二十二條．皇族男子將遵從皇位繼承之順序，擔任「攝政」，其女子亦以之為準。

第二十三條．只限未有配偶之皇族女子擔任「攝政」。

第二十四條．最近親之皇族未達成年，或因其他事故，需由其他皇族擔任「攝政」時，即使後來最近親之皇族到達成年，或其事故已解決，除皇太子、皇太孫外，不讓他人擔任「攝政」之位。

第二十五條．若「攝政」或將任「攝政」者身體有重患，或有重大事故之時，經皇族會議及樞密顧問之議，可更換其順序。

第六章．太傅

第二十六條．天皇未達成年之時，置太傅，掌管天皇保育。

第二十七條．以先帝遺命擔任太傅時，需由攝政諮詢皇族會議及樞密顧問後，再行選任。

第二十八條．攝政及其子孫不可擔任太傅。

第二十九條．攝政未經諮詢皇族會議及樞密顧問，不可辭退太傅。

第七章．皇族

第三十條．「皇族」乃指太皇太后、皇太后、皇后、皇太子、皇太子妃、皇太孫、皇太孫妃、親王、親王妃、內親王、王、王妃、女王。

第三十一條．由皇子至皇玄孫，男為「親王」，女為「內親王」，五世以後，男為「王」、女為「女王」。
第三十二條．由天皇支系繼承大統時，〔其〕皇兄弟姊妹中之「王」、「女王」將獲特別宣賜「親王」、「內親王」。
第三十三條．皇族之誕生、命令、婚嫁、薨去皆由宮內大臣公告。
第三十四條．《皇統譜》及關於前面諸條的紀錄皆藏於圖書寮。
第三十五條．皇族由天皇監督。
第三十六條．攝政在任之時，攝行前面諸條之事。
第三十七條．皇族男女幼年喪父者，將任命宮內省官僚掌管保育。依事宜，天皇或認可其皇族父母選定之監護人，或以敕命選之。
第三十八條．皇族之監護人只限成年以上之皇族。
第三十九條．皇族婚嫁〔的對象〕只限同族，或天皇敕旨特准之華族。
第 四十 條．皇族婚嫁需敕旨批准。
第四十一條．天皇准許皇族婚嫁之敕書，需由宮內大臣副署。
第四十二條．皇族不得收納養子。
第四十三條．皇族欲出國旅行時，需請敕旨批准。
第四十四條．下嫁臣籍者之皇族女子將不再在皇族之列，但依特旨，其人仍可獲稱為「內親王」、「女王」。

第八章．世傳御料（註：財產）

第四十五條．不得分割、讓與已經定為世傳御料之土地物件。

第四十六條．已編入為世傳御料之土地物件，諮詢樞密顧問後，以敕書定之，再由宮內大臣公告。

第九章．皇室經費

第四十七條．皇室諸般經費特定常額，由國庫支出。

第四十八條．皇室經費之予算檢查及其他規則，依《皇室會計法》所定。

第十章．皇族訴訟及懲戒

第四十九條．皇族相互之民事訴訟將依天皇敕旨，命裁判員於宮內省內裁判。經天皇敕裁後，執行之。

第　五十　條．人民對皇族行民事訴訟，將於東京控訴院（註：法院）裁決。但皇族當以代理人出席裁判，不需親自出廷。

第五十一條．未得天皇敕准，不可逮捕或傳召皇族到法廷。

第五十二條．皇族犯下有辱其身分之行為，或對皇室缺乏忠順時，天皇當以敕旨懲戒，若有重罪者，其部分或全部皇族特權將遭剝奪。

第五十三條．皇族犯有傾家蕩產之行為時，天皇以敕旨宣告禁止其人管治資產，改任他人為管理者。

第五十四條‧以上諸條諮詢皇族會議後，再由天皇敕裁。

第十一章‧皇族會議

第五十五條‧皇族會議由成年以上的男性皇族組成，內大臣、樞密院議長、宮內大臣、司法大臣、大審院長參列其中。

第五十六條‧天皇當親臨皇族會議，或任命一名皇族成員為議長。

第十二章‧補則

第五十七條‧現在（註：明治二十二年）之皇族五世以下，獲宣賜「親王」稱號者，仍如舊制。

第五十八條‧皇族繼承之順序全依真實血緣，現時之皇養子、皇義子，或者其他繼嗣不可以故混亂之。

第五十九條‧廢除親王、內親王、王、女王之品位。

第六十條‧廢除所有親王家格及其他牴觸此典範之規例。

第六十一條‧皇族之財產歲費及諸規則，將另而定之。

第六十二條‧當將來有必要改正或增補此典範條項時，需諮詢皇族會議及樞密顧問後，再由天皇敕定。

附一：〔舊〕皇室典範增補（明治四十年二月十一日）

第一條．依天皇敕旨或情況，〔皇族中的〕王家可獲賜家名，配列華族。

第二條．依天皇敕旨或情況，〔皇族中的〕王家可指名華族的當家為繼承人，或以繼承當家之位為目的，成為華族養子。

第三條．依前兩條，降為臣籍之「王家」，其妻直系、卑屬及其妻當從其分，但嫁入其他皇族之女子及其直系卑屬，則不在此例。

第四條．已遭剝奪特權之皇族，可經敕旨降為臣籍。

第五條．於第一條、第二條及第四條之情況，需諮詢皇族會議及樞密顧問。

第六條．皇族降為臣籍後，不可復為皇族。

第七條．關於皇族之身分及其他權義之規程，將於此典範之外，另作定規。又，牽涉皇族與人民之間的事項，遇有異於現行相關法規之情況時，將依前項之規程處理。

第八條．法律命令中適用於皇族之規定，只限此典範或以此典範為基礎所發布之規則裡並無特別規定時，方能適用。

附二：〔舊〕皇室典範增補（大正七年十一月二十八日）

補．皇族女子可下嫁王族或公族。

〔新〕皇室典範

第一章・皇位繼承

第一條・皇位由歸屬皇統之男系男子繼承。

第二條・皇位依照下列順序，在皇族中傳承。

一、皇長子
二、皇長孫
三、其他皇長子之子孫
四、皇次子及其子孫
五、其他皇子孫
六、皇兄弟及其子孫
七、皇伯叔父及其子孫

前項各皇族皆不在時，皇位由以上各人裡持有最近親血統的皇族繼承。在前述兩項的情況下，以長子家系為先，同等兄弟以長為先。

第三條・若皇嗣有精神、身體不治之重患，又或者有重大之事故時，可由皇室會議按前述所定順序，改變皇位繼承的順序。

第四條・天皇死去時，皇嗣立即繼位。

第二章・皇族

第五條・「皇族」乃指皇后、太皇太后、皇太后、親王、親王妃、內親王、王、王妃、女王。

第六條・嫡出皇子及嫡男系之皇嫡孫，男為「親王」，女為「內親王」。三世以下的嫡系子孫，男為「王」，女為「女王」。

第七條・〔前條的〕王繼承皇位時，其〔皇室身分為〕王的兄弟姊妹可特封為親王及內親王。

第八條・獲定為皇嗣之皇子為「皇太子」，皇太子不在時，獲定為皇嗣之皇孫為皇太孫。

第九條・天皇及皇族皆不可收納養子。

第十條・天皇立后及皇族男子的婚姻，需經過皇室會議審議。

第十一條・年滿十五歲以上的內親王、王及女王，可按其意願，經皇室會議審議，脫離皇族身分。

除了前述情況外，〔皇太子及皇太孫以外的〕親王、內親王、王及女王遇上特別事故時，經皇室會議審議後，可以脫離皇族身分。

第十二條・皇族女子與天皇及皇族以外的人士結婚時，即脫離皇族身分。

第十三條・除了與其他皇族結婚之女子及其直系卑屬外，脫離皇族身分的親王、親王妃及其直系卑屬將同時脫離皇族身分。但是，經皇室會議審議，直系卑屬及其妃可免除脫離皇室身分。

第十四條．⑴皇族以外的女子兼曾經身為親王妃或王妃的女子喪夫後，可按其意願，脫離皇族身分。⑵前項的親王妃或王妃於喪夫之時，又或者在同項所述情況之外，遇有特別情況因由時，經皇室會議審議後，其人可以脫離皇族身分。

第一項情況的親王妃或王妃於離婚後脫離皇族身分。

第十三條中，與其他皇族結婚的女子可適用於第一項及第二項的規定。

第十五條．除了女兒成為皇后，或與皇族男子結婚外，皇族以外之人及其子孫皆不會成為皇族。

第三章．攝政

第十六條．⑴天皇未達成年之時，置「攝政」。⑵天皇若因精神或身體得重大病患，不能親自參與國事時，皇室會議經審議後，設置「攝政」。

第十七條．「攝政」將依下列順序，並由成年皇族擔任。

第一：皇太子或皇太孫
第二：親王及王
第三：皇后
第四：皇太后
第五：太皇太后
第六：內親王及女王

前項第二的情況，依照皇位繼承的順序，第六的情況則準據皇位，繼承的

第　十八　條．攝政與按順序成為攝政之人，其精神或身體得重大病患，又或者有重大事故時，經皇室會議審議，並按前一條的順序，攝政的擔任順序可以改變。

順序來安排。

第　十九　條．攝政與按順序成為攝政之人因未達成年，又或者出現前條所謂的事故，由其他的皇族代為攝政，即使原本的順位者已達成年，或事故已經解決，除非其人為皇太子或皇太孫，否則時任攝政之人無須讓出攝政之位。

第　二十　條．第十六條第二項裡提到的天皇重大病患、問題消除後，經皇室會議審議後，廢除攝政。

第二十一條．攝政在任期間可免除被提告，但不能因此而侵害他人的提告權。

第四章．成年、敬稱、即位之禮、大喪之禮、皇統譜及陵墓

第二十二條．天皇、皇太子及皇太孫的成人年齡為十八歲。

第二十三條．天皇、皇后、太皇太后及皇太后敬稱為「陛下」。其餘以外的皇族敬稱為「殿下」。

第二十四條．繼承皇位後，隨即舉行即位之禮。

第二十五條．天皇死去後，隨即舉行大喪之禮。

第二十六條．天皇及皇族身分的相關事項，皆登錄到《皇統譜》中。

第二十七條．天皇、皇后、太皇太后及皇太后下葬之地為「陵」，其他皇族的下葬地為「墓」。「陵」、「墓」的相關事項，將登錄在《陵籍》及《墓籍》中。

第五章・皇室會議

第二十八條・⑴皇室會議由十名議員組成。⑵議員由兩名皇族、眾議院議長、參議院議長及副議長、內閣總理大臣、宮內廳長官、最高裁判所裁判官長及一名裁判官組成。⑶位列議員的皇族及最高裁判所裁判官長以外的裁判官需各自通過成年皇族最高裁判所裁判官長以外的裁判官以外的裁判官互選產生。

第二十九條・由內閣總理大臣兼任皇室會議的議長。

第　三十　條・⑴皇室會議設置十名後備議員。⑵位列後備議員的的皇族及最高裁判所裁判官長以外的裁判官須按第二十八條第三項的規定選出。⑶眾議院議長、參議院議長及副議長的後備議員需由參、眾兩院的議員互選產生。⑷前兩項的後備議員人數與正議員相同，行使職務的順序將於互選時決定。⑸內閣總理大臣的後備議員需按內閣法的規定，由獲指定為署任內閣總理大臣職務的國務大臣擔當。⑹宮內廳長官的後備議員需由內閣總理大臣指定的宮內廳職員擔任。⑺各議員遇有事故時，或出現缺員時，由其後備議員充當職務。

第三十一條・第二十八條及第三十條中，擔任皇室會議的眾議院議長、副議長或議員在眾議院解散後，直至確定後任者為止，將由解散前的眾議院議長、副議長或議員繼續擔任。

第三十二條・擔任皇室會議議員的皇族及最高裁判所裁判官長以外的裁判官，以及其後備議員的任期為四年。

第三十三條．⑴由議長召開皇室會議。⑵本典範的第三條、第十六條第三項、第十八條及第二十條的情況發生時，並且有四名以上的皇室會議議員提出要求下，必須召開皇室會議。

第三十四條．皇室會議內，如有六名以上的議員缺席，不可展開議事及決議。

第三十五條．⑴皇室會議的議事在本典範的第三條、第十六條第三項、第十八條及第二十條的情況發生時，需要三分之二以上的出席議員通過決定，其他情況則需要有過半數議員支持決定，方能通過。⑵於前項後半段的情況裡，遇到正反雙方同數時，由議長決定。

第三十六條．議員不可參加與自身利弊有特別相關的議事。

第三十七條．皇室會議基於此典範及其他法律賦與的權限而舉行。

附則

一、此法律於日本國憲法實行當日（一九四七年五月三日）開始實施。

二、現時的皇族乃基於此典範獲確認為皇族，第六條規定的情況，則由嫡系嫡出男子擔任。

三、現時的皇室陵、墓按第二十七條定義。

附：平成天皇退位特例法本文內容

法律第六十三號「平成二十九（二〇一七）年六月十六日」

《關於天皇退位等皇室典範特例法》

第一條．此法律乃因（平成）天皇陛下自昭和六十四年一月七日即位以來，超過二十八年間，在長期努力從事國事行為、到全國各地進行訪問、探訪受災地等各種象徵性公務活動之中，迎來八十三歲之高齡。我們深感天皇在今後，將越來越難以繼續以上的諸公務活動，國民亦深深敬愛已達高齡，仍然努力進行以上諸公務的天皇陛下，十分理解和體會天皇陛下的感受。加上鑑於現時身為皇儲，現年五十七歲的皇太子殿下長期致力於為天皇陛下代行諸國事行為的公務，現以《皇室典範》（昭和二十二年法律第三號）第四條規定的特例方式，實現天皇陛下的退位和皇嗣即位，以及對天皇陛下退位後的地位、其他因退位而來的諸必要事項做出規定。

第二條．天皇於此法律施行日起退位，皇嗣（皇太子浩宮德仁）即時即位。

第三條．⑴按前一條的規定，退位後的（平成）天皇稱為「上皇」。⑵上皇的敬稱為「陛下」。⑶上皇的相關身分事項的登録、喪禮及陵墓事宜以天皇之例為準。⑷除了前述兩項中規定的事項外，關於上皇於《（新）皇室典範》（第二條、第二十八條第二項及第三項、第三十條第二項除外）的事項，將以皇族之例為準。

第四條．⑴上皇之后為「上皇后」。⑵關於上皇后於《（新）皇室典範》所定事項，將以皇太后之例為準。

第五條．按照第二條規定，伴隨是次皇位繼承而成為皇嗣的皇族（秋篠宮文仁親王），於《（新）皇室典範》裡所定事項，將以皇太子之例為準。

主要參考文獻：

・《日本史史料一～五》歷史学研究会、岩波書店（一九九七～二〇〇五年）。

・《神皇正統記》岩波文庫，二〇一三年。

・《日本思想大系 1 古事記》岩波書店，一九八二年。

・《新訂增補國史大系　日本書紀》吉川弘文館，一九八六年。

・《新訂增補國史大系　續日本紀》吉川弘文館，一九七二年。

・《新訂增補國史大系　日本三代實錄一～二》吉川弘文館，一九七四年。

・《古事類苑 14 帝王部》吉川弘文館，一九六七年。

・《孝明天皇實錄一～三》ゆまに書房，二〇〇六～二〇一九年。

・《明治天皇紀一～三》吉川弘文館，一九六八年。

・《天皇の歴史一～十》講談社，二〇〇五年。

・《昭和天皇實錄一～十九》宮內廳，二亞五年。

・《後村上天皇實錄　長慶天皇實錄　後龜山天皇實錄》ゆまに書房，二〇〇九年。

・《後醍醐天皇實錄一～二》ゆまに書房，二〇〇九年。

・《後園融天皇實錄》ゆまに書房，二〇〇九年。

・《後小松天皇實錄一～二》ゆまに書房，二〇〇九年。

・《神武天皇實錄　綏靖天皇實錄　安寧天皇實錄　懿德天皇實錄　孝昭天皇實錄　孝安天皇實錄　孝靈天皇實錄　孝元天皇實錄　開化天皇實錄　崇神天皇實錄　垂仁天皇實錄》ゆまに書房，二〇〇八年。

・《用明天皇實錄－弘文天皇實錄》ゆまに書房，二〇〇八年。

・《天武天皇實錄》ゆまに書房，二〇〇八年。

・《後白河天皇實錄一～三》ゆまに書房，二〇〇八年。
・《後鳥羽天皇實錄一～四》ゆまに書房，二〇〇八年。
・《白河天皇實錄一～三》ゆまに書房，二〇〇七年。
・《鳥羽天皇實錄一～三》ゆまに書房，二〇〇七年。
・《桓武天皇實錄》ゆまに書房，二〇〇七年。
・《光格天皇實錄》ゆまに書房，二〇〇六年。
・《靈元天皇實錄一～三》ゆまに書房，二〇〇六年。
・《後水尾天皇實錄一～三》ゆまに書房，二〇〇五年。
・《正親町天皇實錄一～二》ゆまに書房，二〇〇五年。
・《後陽成天皇實錄一～二》ゆまに書房，二〇〇五年。

歷史與現場 BCV0267

解開天皇祕密的70個問題第二部：——天皇的生活與一生

作　者—胡煒權
主　編—林菁菁
特約編輯—沈甚
企劃主任—葉蘭芳
封面設計—楊珮琪、林采薇
內文設計—李宜芝
內頁照片—孫君犖

發行人—趙政岷
出版者—時報文化出版企業股份有限公司
10803臺北市和平西路3段240號3樓
發行專線—（02）2306-6842
讀者服務專線—0800-231-705・(02)2304-7103
讀者服務傳真—(02)2304-6858
郵撥—19344724時報文化出版公司
信箱—臺北郵政79~99信箱
時報悅讀網—http://www.readingtimes.com.tw
法律顧問—理律法律事務所 陳長文律師、李念祖律師
印　刷—勁達印刷有限公司
初版一刷—二〇一九年四月十二日
定　價—新臺幣三八〇元
（缺頁或破損的書，請寄回更換）

時報文化出版公司成立於一九七五年，
並於一九九九年股票上櫃公開發行，於二〇〇八年脫離中時集團非屬旺中，
以「尊重智慧與創意的文化事業」為信念。

解開天皇祕密的70個問題 第二部：天皇的生活與一生 / 胡煒權著.
-- 初版. -- 臺北市 : 時報文化, 2019.04
　面；　公分. -- (歷史與現場)

ISBN 978-957-13-7734-6 (平裝)

1.日本史　2.天皇制度

731.1　　108002689

ISBN 978-957-13-7734-6
Printed in Taiwan